# Spanish A Short Story For Beginners

## Learn Latin American Spanish Naturally

*by*
*Channel Reader LLC*

© **Copyright 2017 by Channel Reader LLC - All rights reserved**.

All rights reserved. No portion of this publication may be reproduced, distributed, or transmitted in any form without permission from the publisher, except in the case of brief quotations embodied in reviews and certain other noncommercial uses permitted by copyright law. The author and publisher make no guarantees and the information in this publication is distributed on an "as is" basis.

# Table of Contents

Table of Contents .................................................... 3
Introduction ........................................................... 5

Section 1................................................................ 7
Capítulo Uno: Últimos días en Georgia ................. 8
*Chapter One: Last days in Georgia* ...................... 8
Capítulo Dos: Mudanza a California .................... 17
*Chapter Two: Moving to California* .................... 17
Capítulo Tres: Semana de Orientación ............... 26
*Chapter Three: Orientation Week* ...................... 26
Capítulo Cuatro: Los Dormitorios ...................... 34
*Chapter Four: The Dorms* ................................... 34
Capítulo Cinco: Las primeras clases ................... 40
*Chapter Five: First classes* .................................. 40
Capítulo Seis: Exámenes Parciales ..................... 48
*Chapter Six: Midterms* ........................................ 48
Capítulo Siete: Exámenes finales ....................... 56
*Chapter Seven: Finals* ......................................... 56

Section 2 ............................................................. 64
1 Capítulo Uno: Últimos días en Georgia ........... 65
2 Capítulo Dos: Mudanza a California ............... 70
3 Capítulo Tres: Semana de Orientación ........... 74
4 Capítulo Cuatro: Los Dormitorios .................. 78
5 Capítulo Cinco: Las primeras clases ............... 81

**6 Capítulo Seis: Exámenes Parciales** .................. **85**
**7 Capítulo Siete: Exámenes finales** ..................... **89**

# Introduction

Congratulations on your recent purchase! You've shown a sincere interest in developing a powerful skill that opens wondrous opportunities. Learning a language is no small feat, in order to assist you in your journey this book has been developed to be utilized as a tool to help you sharpen your skills. You will encounter many situations that will call upon you to learn or recollect important words and phrases. Don't get discouraged if you don't understand everything the first time around. This book is meant to be read over and over again.

It's important to remember your progress is on a continuum. You may have bought this book with an already existing skill set that enables you to read through without referencing the English translation. If this is the case, great! You're already well on your way to fluency and this book will provide additional practice for you to read and think in new situations. However, the vast majority of you probably will approach this book without the existing skill set to fully comprehend what is being read. You are meant to grow into this book. Progress can't be made without challenge and this book is the perfect challenge. With that in mind, let's look at how we recommend using this book.

The story is presented in two sections. The first section utilizes a layout with alternating languages. Each paragraph is presented with the Spanish text and the English translation beneath. Where ever possible, you should try to figure out what is being said in Spanish without the assistance of the English translation. Try to use context to figure out what you don't understand. You should also make a list of all the new words or phrases you encounter for review after completing each page or chapter. Repetitions are important. No matter what way you decide to break up this story, be it by paragraph, page or chapter, you should review often before moving on to the next section. Once you complete the entire story, we highly recommend that you do it again.

Please keep in mind that the English translation is not a literal translation. This means each sentence is a translation of ideas, not word for word. It is important to realize that each language has unique ways of describing or expressing an idea. The English translation can and will help you piece together what is being said if you understand that it's the ideas that are important, not each and every word.

The second section of this book contains the story in its entirety without a translation. You're end goal should be to read the story without relying on the assistance on an English translation. If you feel you are ready, go for it. If you find yourself struggling to much, go back to the first section and practice some more. In time, you will be able to read without help from the English translation.

Please note, this book is written in a form of Spanish common throughout Latin America. As such it will differ slightly from a book written using Spanish from Spain. There may be local expressions unique to each region of Latin America, we have tried to keep this book neutral and hope it will assist you no matter who you speak with.

# Section 1

## Capítulo Uno: Últimos días en Georgia

## *Chapter One: Last days in Georgia*

Conoce a María. Ella es una chica común, de dieciocho años de edad, a quien le encanta ver películas y pasar tiempo con sus amigos. Ella nació y creció en Lawrenceville, Georgia. Después de graduarse de la escuela secundaria, María estaba emocionada por mudarse a la universidad y comenzar una nueva vida.

> *Meet María. She is an average eighteen-year-old who loves to watch movies and spend time with her friends. She was born and raised in Lawrenceville, Georgia. After graduating high school, María was excited to move to college and start a new life.*

Aunque insegura de cual universidad escoger, ella estaba absolutamente segura de donde quería ir a estudiar. María siempre soñó con estudiar en California. Ella había trabajado duro durante la escuela para obtener buenas calificaciones y así poder asistir a una buena universidad. Cuando las cartas de aceptación llegaron por correo, todas venían de universidades en California. María estaba muy emocionada cuando abrió las cartas. ¡Fue aceptada en todas las universidades que habían recibido su solicitud! Mientras leía las cartas, le resultaba difícil decidir a cuál de ellas quería asistir.

> *Although unsure of her choice of college major, she was absolutely sure of where she wanted to go to*

*school. María had always dreamed of going to California to study. She had worked hard through high school to get good grades so she could attend a good college. When the acceptance letters came in the mail, they all came from schools in California. María was really excited when she opened the letters. She was accepted to every school that had received her application! As she read through the letters, she found it hard to decide which of them she wanted to attend.*

Sin embargo, eventualmente seleccionó una universidad. Entonces comenzó la cuenta regresiva de los días que faltaban para su gran mudanza a California. María empezó a preparar todo. Ella iba a enviar una caja a la universidad y llevar el resto con ella en el avión. Organizó su ropa, maquillaje, y otras pertenencias personales. Ella también fue a la tienda para comprar algunas cosas para amueblar su dormitorio en California.

*However, eventually she made a selection. Then began a count down the days until her big move to California. María started to get everything ready. She was going to ship a box to college and take the rest with her on the plane. She organized her clothes, makeup, and other personal belongings. She also took a trip to the store to buy a few things to help furnish her dorm room in California.*

María decidió que el mejor plan era ir a una gran tienda por departamentos y comprar allí todo lo que necesitaba en un solo viaje. Ella necesitaba comprar artículos que la ayudarían a organizar su guardarropa, así como su escritorio. En la tienda, ella buscó entre las secciones de papelería y oficina, y rápidamente encontró la mayor parte de lo que ella pensó que necesitaría. Esto incluía organizadores de escritorio, contenedores para lápices y un tablero de corcho para fijar notas, recordatorios y algunas fotografías para recordar a sus amigos en casa. A ella le gustaban mucho los artículos de papelería. Había algo especial acerca de escribir cartas a mano en un lindo papel estampado que se sentía bien, por lo que terminó comprando algunos artículos que no estaban en su lista. Ella compró cuadernos lindos, un hermoso diario, y algunas plumas y resaltadores de colores muy agradables. María también compró muchas notas Post-It. Le encantaban y las usaba para todo, desde recordatorios de citas, hasta listas de compras. No podía vivir sin ellas.

*María decided that the best plan was to go to a big department store and get everything that she needed in one shopping trip. She needed to buy items that would help her to organize her wardrobe, as well as her desk. At the store, she looked through the stationery and office sections, and quickly found most of what she thought she would need. This included desk organizers, containers for pencils, and a cork board for pinning up notes, reminders, and a few photographs to remind her of her friends at home. She liked stationery a lot. There was something special about hand writing letters on the beautifully patterned paper that felt good, so she ended up buying a few items that were not on her list. She bought cute notebooks, a beautiful journal and some nice colored pens and highlighters. María bought a lot of Post-It notes as well. She loved them and used them for everything from appointment reminders, to grocery lists. She couldn't live without them.*

María se consideraba una persona muy organizada y preparada, y ahora que estaría viviendo en un pequeño dormitorio de la universidad, necesitaría algunos artículos más. Había muchos artículos en la sección de la tienda por departamentos etiquetados como "hogar". Su dormitorio sería, de hecho, su nuevo hogar y ella quería sentirse cómoda en él. María necesitaría usar todo el espacio disponible para acomodar todas sus pertenencias.

> *María considered herself to be a very organized and prepared person, and now that she would be living in a small college dorm room, she would need a few more items. There were many items in the section of the department store labeled 'home'. Her dorm would, in fact, be her new home and she wanted it to feel comfortable. María would need to use all of its available space in order to fit all of her belongings.*

Ella estuvo de compras durante bastante tiempo. Después de una hora aproximadamente, la mayoría de los artículos que ella quería comprar estaban en su carro de compras. Sólo quedaban algunas cosas por encontrar, y necesitaba ayuda para localizarlas en la tienda. Mientras empujaba su carrito de compras por otro pasillo, notó a un empleado colocando toallas cuidadosamente dobladas en un estante.

> *She shopped for quite a while. After about an hour had passed, most of the items she wanted to buy were in her shopping cart. There were only a few things left to find, and she needed some help to locate them in the store. As she pushed her shopping cart through another aisle, she noticed an employee placing neatly folded towels on a shelf.*

"Hola", dijo ella mientras se acercaba al empleado de la tienda "¿Podría ayudarme, por favor?"

> *"Hi," she said, as she approached the store employee "Could you help me, please?"*

"Sí. ¿Qué buscas?" preguntó el hombre.

> *"Yes. What are you looking for?" asked the man.*

"Quiero comprar algunas perchas y un organizador de zapatos, pero no puedo encontrarlos." Dijo María.

> *"I want to buy some hangers and a shoe organizer, but I can't find them." said María.*

"Para encontrar tanto perchas como organizadores, tienes que ir al pasillo 7. Toma ese camino", dijo mientras señalaba el pasillo principal de la tienda, "y luego gira a la derecha después de pasar el segundo pasillo, allí es donde encontrarás todo lo que necesitas."

> *"To get both hangers and organizers, you have to go to aisle 7. You just go that way," he said while pointing down the main aisle of the store, "and then turn to your right after you pass the second aisle, that's where you will find everything you need."*

"¡Gracias!" respondió María.

> *"Thank you!" answered María.*

María siguió las instrucciones, y encontró tanto las perchas como el organizador de zapatos, tal como el empleado le dijo. Ella salió de la tienda con una sensación de logro y estaba lista para terminar de empacar. Todos sus artículos fueron empacados en cajas, las que etiquetó cuidadosamente, de modo que desempacar sería fácil.

> *María followed the directions, and she found both the hangers, and the shoe racks, just as the employee said she would. She left the store with a feeling of accomplishment and was ready to finish packing. All of her items were packed into boxes, which she labeled carefully, so that unpacking would be easy.*

Mientras María empacaba, su teléfono sonaba y se iluminaba con cada nuevo mensaje de sus amigos. Graduarse de la escuela con gente tan buena es algo que María nunca olvidaría. Había mensajes alentadores, mensajes divertidos y también mensajes motivacionales. Empacar fue mucho más agradable con estas pequeñas distracciones.

> *As she packed, her phone would beep and light up with each new message from her friends. Graduating high school with such good people is something María would never forget. There were encouraging messages, funny messages, and motivational messages as well. Packing was far more enjoyable with these small distractions.*

Todos los amigos de María iban a la Universidad de su elección. La mayoría de ellos se quedaban en Georgia, cerca de casa, mientras algunos planeaban viajar a otros estados.

¡Una de sus mejores amigas, Eva, planeó estudiar en la misma universidad a la que María asistiría! Ella estaba muy entusiasmada de que Eva estaría en el campus con ella. Ellas tendrían clases diferentes, ya que Eva iba a especializase en Psicología y María estaba interesada en Administración de Empresas y Economía, pero ellas iban a vivir en el mismo edificio y se verían todos los días. Lo único que haría la experiencia perfecta era si pudieran compartir dormitorio. Los estudiantes no podían escoger sus propios compañeros de dormitorio, y había muchos dormitorios en el edificio. María y Eva sabían que era poco probable que pudieran vivir juntas, pero esperaban tener suerte, y que la escuela les asignaría el mismo dormitorio.

> *All of María's friends were going to their own choice of college. Most of them were staying in Georgia, close to home, while a few planned to travel to other states. One of her closest friends, Eva, planned to study at the same university María was attending! She was so excited that Eva would be on campus with her. They would have different classes, since Eva was going to major in Psychology and María was interested in Business Management and Economics, but they were going to live in the same building and would see each other every day. The only thing that would make the experience perfect, they thought, was if they were able to room together. Students could not choose their own roommates, and there were many dorm rooms in the building. María and Eva knew that it wasn't likely that they would be able to live together, but hoped they would be lucky, and the school would assign them to the same dorm room.*

Con la mudanza a pocos días, la familia y amigos de María

organizaron una gran fiesta para celebrar su nueva aventura. La fiesta fue en casa de la familia, y su padre preparó una deliciosa comida para todos los invitados en la parrilla al aire libre. Pasaron un buen rato mientras comían, reían, y compartían recuerdos de la infancia de María. Su madre incluso mostró a los invitados algunas fotos embarazosas de su infancia, y todos sonreían y pensaban en lo rápido que había pasado el tiempo.

> *With the move just a few days away, María's family and friends organized a big party to celebrate her new adventure. They held the party at their family home, and her father made some delicious food for all of the guests on the outdoor grill. They had a good time as they ate, and laughed, and shared memories from María's childhood. Her mother even showed the guests a few embarrassing childhood photos, and everyone smiled and thought about how quickly time had passed.*

La madre de María quería estar segura de que ella tenía todo lo que necesitaba. Ambas disfrutaban ir de compras juntas, entonces su madre decidió llevarla de compras una última vez. Ella le dijo a María una y otra vez, como hacen todas las madres, que debería llevar un poco más de ropa. Cada vez que María escuchaba a su madre decir eso, ella le repetía que no iba a tener mucho espacio, así que no llevaría mucha ropa con ella.

> *María's mother wanted to be sure that she had all that she needed. They both enjoyed the shopping together, so her mother decided to take her shopping one last time. She told María over and over, as mothers do, that she should take a few more pieces of clothing. Every time María heard her*

*mother say that, she repeated to her that she wasn't going to have a lot of space so she wasn't going to take a lot of clothing with her.*

Su madre insistió, así que María fue junto a su mamá para hacerla feliz. Fueron a un centro comercial en una ciudad cercana, y pasaron una tarde entera explorando las diferentes tiendas. María se alegró de haber ido juntas, y le gustó pasar tiempo de calidad con su madre. Iba a extrañarla cuando se mudara.

*Her mother insisted, so María went along with her mom to make her happy. They drove to a shopping mall in a nearby city, and they spent an entire afternoon browsing the different shops. María was glad they had gone together, and liked spending quality time with her mother. She was going to miss her when she moved.*

Finalmente, su último día en Georgia había llegado. No podía creer que en sólo 24 horas estaría viajando a California, y mudándose a la universidad. Estaba muy emocionada y pasó la mayor parte de la noche enviando mensajes de texto a su amiga Eva.

*Finally, her last day in Georgia had arrived. She couldn't believe that in just 24 hours she would be traveling to California, and moving to college. She was so excited and passed most of the night texting her friend Eva.*

# Capítulo Dos: Mudanza a California

## Chapter Two: Moving to California

"¡Por fin llegó el momento!" pensó María. Era el día de la mudanza. ¡Hora de desayunar! Era la última comida que comería en casa por varios meses. Sus padres decidieron tomarse el día libre, pasar algún tiempo con ella, y llevarla al aeropuerto. María sonreía mientras se comía dos de los maravillosos waffles de fresa de su madre, cubiertos con jarabe de arce y crema batida.

> *"Finally. This is it!" thought María to herself. It was the day of the move. Time to eat breakfast! It was the last meal she would eat at home for months. Her parents decided to take the day off, spend some time with her, and to take her to the airport. María smiled while she ate two of her mother's amazing strawberry waffles, covered with maple syrup and whipped cream.*

Después de desayunar, María fue a su habitación para cerrar sus maletas, y verificar por última vez cualquier cosa que pudiera haber olvidado. ¡Ella subió y encontró un desorden en el piso! Su ropa estaba por toda la habitación, y las maletas estaban debajo de su cama. Ella había dejado su ropa cuidadosamente encima de las maletas, y ahora estaban esparcidas y arrugadas. Sorprendida, miró fijamente el desorden y luego escuchó un ladrido. "¡Por supuesto!" pensó. Su perro Max había hecho todo ese desorden. Era un perro juguetón, pero a veces era demasiado juguetón. María no podía sentirse molesta con

Max. Le echaría de menos mientras estaba lejos, así que antes de acomodar de nuevo se sentó para acariciar su suave pelaje y le dijo cuánto lo extrañaría.

> *After eating breakfast, María went to her room to zip her bags closed, and to check one last time for anything she might have forgotten. She went upstairs and found a mess on the floor! Her clothes were all over the room, and the suitcases were under her bed. She had left her clothes neatly on top of the bags, and now they were scattered and wrinkled. Surprised, she stared at the mess and then heard a bark. "Of course!" she thought. Her dog Max had made all that mess. He was a playful dog, but sometimes he was too playful. María couldn't bring herself to be upset with Max. She would miss him while she was away, so before cleaning up she sat down to pet his soft fur and told him how much she would miss him.*

Ella colocó sus maletas de nuevo en la cama, y volvió a empacar su ropa. María decidió que una maleta iba a ser para la ropa de primavera y verano, y la otra para la ropa de otoño e invierno. "Afortunadamente no será muy frío, así que no tendré que llevar grandes chaquetas de invierno conmigo" Pensó mientras colocaba cada artículo cuidadosamente en su lugar. No pasó mucho tiempo antes de que las maletas estuvieran llenas y ella estuviera lista.

> *She put her suitcases back on her bed, and started to repack her clothes. María decided that one suitcase was going to be for spring and summer clothes and the other for autumn and winter clothes. "Thankfully it won't be extremely cold, so I won't have to take big winter jackets with me." She*

*thought as she placed each item neatly in place. It wasn't long before the bags were full and she was ready.*

Mientras ella cerraba una de las maletas, María escuchó tocar la puerta. Era su mamá.

*As she grabbed a zipper to close one of the suitcases, María heard a knock on the door. It was her mom.*

"¿Puedo entrar?" Dijo la mamá de María.

*"May I come in?" said María's mom.*

"Claro mamá. ¿Qué pasa?" respondió María.

*"Sure, mom. What's up?" answered María.*

"Vine aquí para ayudarte con tus cosas y para darte esto", dijo su mamá mientras sacaba una bufanda detrás de su espalda.

*"I came here to get your stuff and to give you this," said her mom as she took a scarf from behind her back.*

Era la bufanda preferida de María. Pertenecía a su mamá, y su madre la había tenido desde que estaba en la universidad.

*It was María's favorite scarf. It belonged to her mom, and her mother had had it ever since she was in college.*

"Recuerdo que la compré mientras estaba en la universidad. Parece que te gusta, así que quiero que la tengas", dijo su mamá.

> *"I remember I bought this while I was in college. You seem to like it, so I want you to have it," said her mom.*

"¡Muchas gracias mamá!" Exclamó María, estaba muy feliz.

> *"Thank you so much mom!" exclaimed María, she was very happy.*

Ella puso la bufanda en su mochila, y su madre la ayudó a bajar el equipaje. Tenía todo lo que necesitaba, así que caminó por la cocina, tomó un bocadillo para el viaje al aeropuerto, y echó una última mirada a la casa. María estaba eufórica de irse a la universidad, pero se sintió un poco triste al darse cuenta de cuánto iba a extrañar a su familia y a su ciudad natal.

> *She put the scarf in her backpack, and her mother helped her bring the luggage downstairs. She had everything she needed, so she walked through the kitchen, grabbed a snack for the ride to the airport, and took one last look at the house. María was euphoric to be leaving for college, but felt a little sad realizing how much she was going to miss her family and her hometown.*

Antes de que María se pusiera muy emotiva, su mamá apareció y le dijo que era hora de ir al aeropuerto. María quería llegar temprano para el vuelo, ya que tenía equipaje que registrar, y siempre era posible que hubiera una larga fila en la puerta de su aerolínea. Ella sonrió a su mamá, y junto a sus padres comenzaron a conducir hacia el aeropuerto. El camino los llevó por toda la ciudad y María estaba feliz de que podía dar una última mirada a la ciudad donde ella y sus amigos habían formado recuerdos de por vida.

> *Before María got too emotional, her mom appeared and told her that it was time to go to the airport. María wanted to be early for the flight, as she had luggage to register, and it was always possible that there would be a long line at the gate for her airline. She smiled at her mom, and she and her parents began to drive towards the airport. The drive took them across town and María was happy that she could take one last look at the town where she and her friends had made a lifetime of memories.*

Su amiga Eva se iría a California un par de semanas después de María. En su camino al aeropuerto, María envió un mensaje de texto a Eva diciendo que ellas pasarían un buen tiempo juntas en la universidad y que deberían reunirse tan pronto como Eva llegara.

> *Her friend Eva would be leaving for California a couple of weeks after María. On her way to the airport, María sent Eva a text saying that they would have a great time together in college and that they should meet up as soon as Eva arrived.*

María y sus padres llegaron al aeropuerto, pero ella nunca había viajado sola. Sus padres vieron que se estaba poniendo nerviosa y la tranquilizaron.

> *María and her parents arrived at the airport but she had never traveled alone. Her parents saw that she was getting nervous and they reassured her.*

"No te preocupes, todo va a estar bien". Dijo su madre mientras abrazaba a María.

> *"Don't worry, everything is going to be fine." her mother said as she hugged María.*

Lo primero que había que hacer, era el check-in. Se dirigió a las máquinas que bordeaban la pared del vestíbulo, y que estaban etiquetas como "Check-in". Tecleó la información de su vuelo en la pantalla, y después de dos pasos adicionales, se imprimió su tarjeta de embarque. Ella llevó la tarjeta de embarque al mostrador en frente de las máquinas para dejar su equipaje. Todo estaba listo.

> *The first thing to do, was the check-in. She went to the machines that lined the wall of the lobby, and were labeled "Check-in." She typed her flight information onto the screen, and after two additional steps, her boarding pass was printed. She took the pass to the counter in front of the machines to drop off her luggage. Everything was ready.*

Ella se despidió de su mamá y su papá. Ellos le desearon buena suerte a María y le dijeron que se cuidara. María les dio un beso de despedida y se fue a esperar en la fila para el chequeo de seguridad. Había mucha gente en el aeropuerto, así que esperó mucho tiempo en la fila. Finalmente pasó el chequeo de seguridad y fue a buscar su puerta. Tenía que ir a la puerta siete, así que empezó a caminar por el aeropuerto para encontrarla. Caminó y caminó, y luego caminó un poco más. Pasó por muchas puertas, pero no pudo encontrar la puerta siete.

> *She said goodbye to her mom and her dad. They wished María good luck and told her to take care of herself. María kissed them goodbye and went to wait in line for the security check. The airport was very busy, so she waited a long time in the line. She finally passed the security check and went to find her gate. She had to go to gate seven, so she started to walk through the airport to find it. She walked, and walked, and then she walked some more. She passed by many gates, but she couldn't find gate seven.*

Se sentía como si estuviera perdida. María finalmente decidió pedir ayuda a alguien. Vio a una señora con un uniforme de seguridad y supo que ella le podría dar instrucciones sobre dónde ir.

> *She felt as though she was lost. María finally decided to ask someone for help. She saw a lady with a security uniform and knew she would be able to get instructions on where to go.*

"Hola", dijo María "¿Dónde está la puerta número siete?"

> *"Hi," said María "Where is gate number seven?"*

"La puerta número siete está por ese camino", dijo la señora mientras señalaba en la dirección opuesta. "Baja por este pasillo y, al final, ve a tu izquierda. Verás que encima de ti hay señales que indican la dirección a cada puerta".

> *"Gate number seven is that way," said the lady as she pointed out in the opposite direction. "Go down this hall and, at the very end, you go to your left. You will see that above you there are signs that indicate the direction to each gate."*

"¡Muchas gracias!" dijo María.

> *"Thank you very much!" said María.*

Ella siguió las instrucciones, leyendo las señales a lo largo del camino. Estuvieron allí todo el tiempo. Se sintió un poco tonta por no haberlas notado antes.

> *She followed the directions, reading the signs along the way. They were there the whole time. She felt a little silly that she hadn't noticed them.*

María finalmente llegó a su puerta. Se sentó y esperó a que comenzara el abordaje. Fue una espera corta antes de que anunciaran que los pasajeros tenían que comenzar a abordar el avión. María tardó algún tiempo en subir a bordo, ya que todos los asientos del avión habían sido vendidos. Ella estaba muy emocionada de volar a California.

> *María finally arrived at her gate. She sat down and waited for boarding to begin. It was a short wait before they announced that the passengers had to start boarding the airplane. It took María some time to board as every seat on the plane had been*

*sold. She was excited to fly to California.*

Una vez en el avión, María se sentó en su asiento. Se puso los audífonos y durmió durante todo el vuelo. La despertó el capitán anunciando el aterrizaje, María sonrió con emoción. Estaba a punto de comenzar un nuevo capítulo en su vida.

*Once on the plane, María sat in her seat. She put on earphones and slept through the entire flight. She woke to the captain announcing their landing, María grinned with excitement. She was about to begin a new chapter of her life.*

# Capítulo Tres: Semana de Orientación

## Chapter Three: Orientation Week

Durante el aterrizaje, María observó el horizonte de Los Ángeles a través de la ventana. Su llegada al aeropuerto fue sin inconvenientes, encontró su equipaje rápidamente, y tomó un taxi a la universidad.

> *During the landing, María watched the Los Angeles skyline through the window. Her arrival at the airport went smoothly, she found her luggage quickly, and took a taxi to the university.*

Ella llegó al campus para descubrir que había estudiantes con mayor experiencia esperando para ayudar con las direcciones y dar la bienvenida a los recién llegados. María llevó su equipaje hasta donde uno de estos estudiantes estaba ayudando a otros, y esperó hasta que él tuviera un momento para ayudarla. Cuando él le prestó atención, María preguntó por dónde debía ir para encontrar su nuevo dormitorio. Ella admitió sentirse un poco nerviosa y perdida. Él le dijo que era normal sentirse así mientras le entregaba un paquete de bienvenida. Entonces le dijo dónde conseguir la llave de su dormitorio y un mapa.

> *She arrived on campus to find that there were older students waiting to assist with directions and to welcome newcomers. María carried her luggage over to where an older student was helping others and waited until he had a moment to help her. When*

*he gave her his attention María asked which way she should go to find her new dorm room. She admitted to feeling a bit nervous and lost. He told her that it was normal to feel that way while he handed her a welcome packet. He then told her where to get her dorm key and a map.*

"¿Podrías explicarme otra vez?", preguntó María.

*"Could you explain that again?" asked María.*

"Por supuesto. Ve por este camino, gira a la derecha y continúa caminando hasta que encuentres el mostrador de información, ellos tienen las llaves allí ", dijo el chico.

*"Of course. Go right down this path, turn right, and continue walking until you find the information desk, they have the keys there" said the boy.*

"¡Gracias!", dijo María.

*"Thank you!" said María.*

Ella siguió sus instrucciones, y en pocos minutos encontró el mostrador de información. Allí encontró a un recepcionista que tenía muchos papeles y llaves. María le preguntó acerca de la llave de su dormitorio y el horario. Él le dijo que tenía que darle unos minutos para organizarse. Después de poner algunas de las llaves sueltas de nuevo en sus ganchos numerados, el muchacho le dio a María las llaves de su dormitorio, y una carpeta llena de papeles con una lista de actividades de la 'semana de bienvenida'.

*She followed his instructions, and within a few minutes she found the information desk. There, she found a desk clerk who had a lot of papers and keys. María asked him about her dorm key and schedule. He said that she had to give him a few minutes to organize himself. After putting some of the loose keys back on their numbered key hooks, the boy gave María the keys to her dorm, and a folder full of papers with a list of 'welcome week' activities.*

Ella le agradeció por toda la información y dejó el mostrador en busca de su habitación. María comenzó a alejarse, hasta que se dio cuenta de que no tenía ni idea de dónde estaba su dormitorio. Buscó en el folleto que el muchacho le había dado para ver si había incluido un mapa del campus. Encontró un mapa del campus, y se dio cuenta de que estaba caminando en la dirección equivocada. Se dio la vuelta y comenzó a seguir el camino en el mapa del campus. Los dormitorios estaban en el lado opuesto del campus. María pensó que era una excelente oportunidad para echar un vistazo.

*She thanked him for all of the information and left the desk in search of her room. María started walking away, until she realized that she had no idea where her dorm was. She searched the pamphlet the boy had given her to see if a campus map was included. She did find a map of the campus, and realized she was walking in the wrong direction. She turned around and started to follow the path on the campus map. The dorms were on the opposite side of the campus. María thought that it was an excellent opportunity to take a look around.*

Mientras estaba caminando, vio a una chica que parecía tan confundida como ella estaba cuando recién llegó. Tal vez estaba perdida. Cuando María pasaba cerca, la chica la detuvo.

> *While she was walking, she saw a girl who looked as confused as she had been when she first arrived. Perhaps she was lost. As María walked by, the girl stopped her.*

"Hola", dijo la chica "Siento molestarte, pero estoy buscando los dormitorios y no los encuentro. ¿Sabes dónde están?"

> *"Hi," said the girl "Sorry to bother you, but I am looking for the dorms and I can't find them. Do you know where they are?"*

"Sí. ¡Yo también voy a los dormitorios! estaba perdida, pero luego me di cuenta de que había un mapa del campus en nuestras carpetas de 'bienvenida'". María le mostró a la chica el mapa "¿No te dieron uno?"

> *"Yes. I am going to the dorms too! I was lost, but then I realized there was a map of the campus in our 'welcome' folders." María showed the girl the map "Didn't they give you one?"*

"No creo", respondió la chica.

> *"I don't think so" answered the girl.*

"No te preocupes", dijo María "Ven conmigo. Tenemos el

mapa así que no deberíamos perdernos".

> *"Don't worry" said María "Come with me. We have the map so we shouldn't get lost."*

La chica se rió. Mientras hablaban y caminaban, María se enteró que su nombre era Elena. Al parecer, habían asignado a Elena a la habitación de al lado de María. Elena parecía amable. Era muy divertida y alguien fácil para conversar. María también se enteró que Elena iba a especializarse en Artes, y que tenía una pasión por el dibujo. Elena prometió mostrarle algo del arte que ella había creado.

> *The girl laughed. As they talked and walked, María learned that her name was Elena. Apparently, they had assigned Elena to the room next door to María's. Elena seemed kind. She was very funny, and easy to talk to. María also learned that Elena was going to major in Arts, and that she had a passion for drawing. Elena promised to show her some of the art she had created.*

Estaba comenzando a hacerse tarde y ambas estaban exhaustas de un día tan emocionante. Ellas estaban felices de llegar finalmente a los dormitorios. Subieron a sus habitaciones y se despidieron, acordando reunirse al día siguiente en una actividad para los nuevos estudiantes.

> *It was beginning to get late and they were both exhausted from such an exciting day. They were happy to finally arrive at the dorms. They went up to their rooms and said goodnight, agreeing to meet the next day at an activity for new students.*

María se despertó la mañana siguiente, con un sol radiante y una mañana cálida. Estaba emocionada de encontrarse con Elena fuera de los dormitorios. Caminaron al edificio principal, donde algunos profesores y estudiantes explicaban dónde se encontraban los edificios importantes en el campus, y donde podían ir a buscar información sobre las actividades y los horarios de clases. Los nuevos estudiantes estaban reunidos en un aula grande para la orientación, que duró aproximadamente dos horas. Las muchachas asistieron a la asamblea esa mañana y querían almorzar juntas ese día.

> *María woke up the next morning, to a bright sun and warm morning. She was excited to meet Elena outside the dorms. They walked to the main building, where some teachers and students explained where the important buildings were located on campus, and where they could go to find information about activities and class schedules. The new students were gathered in a large classroom for the orientation, which lasted about two hours. The girls attended the assembly that morning and wanted to have lunch together that day.*

Uno de los estudiantes con mayor experiencia había sugerido probar una pizzería italiana ubicada a pocas cuadras fuera del campus. ¡Dijo que era la mejor pizza que encontrarían en todo el estado! Elena y María tomaron su consejo y tuvieron un almuerzo excelente allí.

> *One of the older students had suggested they try an Italian pizzeria located a few blocks off campus. He said it was the best pizza they would find in the*

> *whole state! Elena and María took his advice and had an excellent lunch there.*

Mientras estaban comiendo y hablando, Elena le contó a María acerca de su compañera de habitación. Aparentemente, la compañera de Elena era muy callada y no hablaba mucho. "Tal vez sólo necesita un poco de tiempo para adaptarse a la universidad", dijo María. Luego ella le dijo a Elena que su compañera de habitación aún no había llegado.

> *While they were eating and talking, Elena told María about her roommate. Apparently, Elena's roommate was very quiet and she didn't talk much. "Maybe she just needs a little time to adjust to college" said María. She then told Elena that her roommate hadn't arrived yet.*

"No dijeron nada cuando me dieron las llaves, pero creo que llegará pronto". Dijo María.

> *"They didn't say anything when they gave me the keys, but I think she will be coming sometime soon." said María.*

El resto de la 'semana de bienvenida' estaba llena de actividades con el propósito de reunir a los estudiantes y darles ideas sobre qué esperar. Algunas de las actividades eran aburridas, pero tuvieron la oportunidad de hacer algunos nuevos amigos y junto con ellos fueron a buscar más restaurantes locales.

> *The rest of 'welcome week' was full of activities meant to bring students together and give them*

*ideas of what to expect. Some of the activities were boring, but they had an opportunity to make a few new friends and went off together to find more of the local restaurants.*

# Capítulo Cuatro: Los Dormitorios

## *Chapter Four: The Dorms*

María pensaba que los dormitorios eran agradables. Durante la primera semana, ella no tuvo ningún problema con su habitación, y sus amigos estaban contentos con sus habitaciones también. El edificio estaba lleno de estudiantes de primer año. Todos tenían diferentes intereses y origen, y todos querían saber más acerca de sus especialidades en la universidad. Los estudiantes con mayor experiencia estaban alojados en otro edificio en el lado opuesto del campus.

> *María thought the dorms were nice. In the first week, she didn't have any issues with her room, and her friends were happy with their rooms as well. The building was filled with freshmen. They all had different interests and backgrounds, and everyone wanted to learn more about their college majors. The upper classmen were housed in another building on the opposite side of campus.*

Los dormitorios de los estudiantes de primer año tenían cinco pisos. En el primer y el quinto piso, había áreas comunes con sofás. Aquí los estudiantes podían reunirse entre clases o al final del día para relajarse y estudiar. Estos pisos también tenían electrodomésticos básicos de cocina para calentar comida o hacer café. Los estudiantes vivían en el segundo, tercero y cuarto pisos en habitaciones pequeñas. Cada habitación tenía dos camas.

*The freshman dorms had five floors. On the first floor and the fifth floor, there were common areas with sofas. Here students could gather together between classes or at the end of the day to relax and study. These floors also had basic kitchen appliances to warm food or make coffee. The students lived on the second, third and fourth floors in small rooms. Each room had two beds.*

La compañera de habitación de María no había llegado aún, así que ella pudo escoger la cama que más le gustaba. Eligió la cama del lado izquierdo de la habitación. Ella prefería esa porque tenía mejor iluminación de la ventana de la habitación. Su cama era muy cómoda y ella además compró algunas almohadas extra para mayor comodidad.

*María's roommate had not arrived yet so she got to pick which bed she wanted. She chose the bed on the left of her assigned room. She preferred that one because it had better lighting from the room's window. Her bed was very comfortable and she even bought some extra pillows for added comfort.*

Durante la primera semana, María colocó todas sus pertenencias perfectamente en su lugar mientras desempacaba sus maletas. Arregló todos los útiles escolares en su escritorio, guardó parte de su ropa en cajones y colgó el resto en perchas en un pequeño armario. El zapatero era especialmente útil. Colgó algunas fotos de casa en la pared y cubrió la ventana con una cortina de color rosa pastel.

*During the first week, all of María's belongings were put neatly in their place as she unpacked her bags. She arranged all her school supplies in her desk, stored some of her clothing in drawers, and hung the rest on hangers in a small closet. The shoe rack was especially helpful. She hung a few photos from home on her wall and draped a pastel pink curtain over the window.*

Después de su primera semana, María empezó a sentirse cómoda en su nueva habitación. Su compañera de habitación aún no se había presentado y María estaba deseosa de conocerla. Ella hizo una consulta y la mujer detrás del mostrador de información verificó en su computadora y luego le dijo a María que su compañera de habitación debía llegar al día siguiente.

*After her first week María began to feel comfortable in her new room. Her roommate had not shown up yet and María was eager to meet her. She made an inquiry and the woman behind the information desk checked her computer and then told María her roommate should be arriving the following day.*

Todavía quedaban siete días antes de que comenzaran las clases, pero María quería estar preparada. Se despertó a la mañana siguiente y salió a buscar lo que necesitaría en los próximos meses. Ella imprimió su programa de cursos y compró todos los libros que necesitaría para cada curso. Incluso caminó alrededor del campus para encontrar dónde se llevaría a cabo cada una de sus clases. Esto le dio confianza de que su primer día de universidad sería un éxito.

*There were still seven days until classes would begin, but María wanted to be prepared. She woke the next morning and went to work gathering what she would need in the months ahead. She printed her course schedule, and bought all the books she would need for each course. She even walked around campus to find where each of her classes would be held. This gave her confidence that her first day of college would be a successful one.*

Elena le preguntó a María si quería tomarse una taza de café en una cafetería que era popular entre los nuevos estudiantes. Ahora que tenía todo en orden, tomar un café le parecía una maravillosa manera de relajarse. La cafetería era linda, y había varios estudiantes de primer año sentados en pequeñas mesas redondas conversando. María reconoció a varios de los estudiantes de primer año de su dormitorio.

*Elena had asked María if she wanted to have a cup of coffee at a shop that was popular among new students. Now that she had everything in order, coffee sounded like a wonderful way to relax. The shop was cute, and there were a number of freshmen seated at small round tables deep in conversation. María recognized several of the freshmen from her dorm.*

Después del café, las dos amigas fueron a una librería que estaba a pocas cuadras de la cafetería. Ambas disfrutaban de la lectura, pero no habían traído ningún libro con ellas, ya que eran demasiado grandes para llevar en equipaje. Era agradable tener una nueva amiga que compartía el amor por la lectura.

*After coffee, the two friends went to a bookstore that was just a few blocks away from the café. They both enjoyed reading, but hadn't brought any books with them as they were too large to carry in luggage. It was nice to have a new friend who shared a love of reading.*

La librería era vieja y tenía estanterías grandes, de madera y antiguas. Tenía un ambiente encantador, y había asientos cómodos para los clientes que querían pasar algún tiempo y leer en el tranquilo edificio. Había cientos de libros, de todos los géneros, y las dos chicas pasaron el resto de la tarde eligiendo algunos para llevar a casa.

*The bookstore was old and had big, wooden, antique shelving. It had a lovely atmosphere, and there was comfortable seating for customers who wanted to spend some time and read in the quiet building. There were hundreds of books, in all genres, and the two girls spent the rest of their afternoon choosing a few to take home.*

Felices con su nuevo material de lectura, y cansadas de tanto caminar, María y Elena regresaron a sus habitaciones para descansar. Del lado fuera de su puerta, María oyó un ruido desde dentro de su habitación. Probablemente era su nueva compañera de cuarto. María entró y vio a alguien debajo de una gran pila de ropa. Todo era un desorden, ropa, zapatos y otras pertenencias en completo caos en el piso. María dijo en voz alta: "Hola", y su nueva compañera de cuarto se sentó. María no podía creer lo que veía. ¡Era Eva!

*Happy with their new reading material, and tired from so much walking, María and Elena went back to their dorm rooms for the night. Outside her door,*

*María heard a noise from inside her room. It was probably her new roommate. María entered and saw someone underneath a large pile of clothes. Everything was a mess, clothes, shoes, and other belongings in complete chaos on the floor. María said in a loud voice, 'Hello,' and her new roommate sat up. María couldn't believe her eyes. It was Eva!*

Se dieron un gran abrazo y gritaron de emoción. María ayudó a Eva con sus cosas y en poco tiempo la habitación estaba una vez más limpia y ordenada. Eva le contó a María acerca de sus últimos días en Georgia y María le contó a Eva sobre sus primeros días en la universidad. María le prometió a Eva que al día siguiente le mostraría el campus y la presentaría a todos los que había conocido.

*They gave each other a big hug and shouted with excitement. María helped Eva with her things and before long the room was once again clean and tidy. Eva told María about her last few days in Georgia and María told Eva about her first days at college. María promised Eva that the following day she would show her around campus and introduce her to everyone she had met.*

# Capítulo Cinco: Las primeras clases

## Chapter Five: First classes

Al día siguiente, María le mostró a Eva los alrededores del campus justo como había prometido. Le mostró a Eva el edificio principal, donde se llevaban a cabo cada una de las clases, y la pizzería. María también fue con Eva a los comedores del campus y a la biblioteca. Tanto a María como a Eva les gustaba el campus.

> *The next day, María showed Eva her way around campus just as she had promised. She showed Eva the main building, where each of the classes were held, and the pizza place. María also went with Eva to the campus dining halls and the library. Both María and Eva liked the campus.*

Después del almuerzo, María llevó a Eva a la linda cafetería que estaba justo fuera del campus. Allí se encontraron con los nuevos amigos de María.

> *After lunch, María took Eva to the cute cafe that was just outside campus. There they met with María's new friends.*

"Hola a todos, ésta es Eva", dijo María.

> *"Everyone, this is Eva," said María.*

"¡Hola!", dijo Eva a los amigos de María que estaban sentados en una mesa grande.

"Hi!" said Eva to María's friends who were seated at a big table.

"Estos son Tomás, Lucía, Elena, Carmen, Juan, Ramón y Jorge", dijo María.

*"This is Tomás, Lucía, Elena, Carmen, Juan, Ramón and Jorge," said María.*

"Encantada de conocerlos", dijo Eva.

*"Nice to meet you," said Eva.*

¡Tenían los mejores café con leche! A Eva le encantó el lugar, y parecía llevarse bien con los amigos de María. Luego, fueron a la librería que estaba a pocas cuadras de distancia porque Eva quería comprar un libro. Eva se enamoró del edificio al instante. Le gustaban los edificios antiguos, así que apreciaba el aspecto de la librería. Eva se tomó su tiempo leyendo los títulos de muchos de los libros que estaban disponibles. Cuando finalmente encontró uno que atrajo su atención, lo sacó del estante y se volvió hacia el hombre detrás de la caja registradora de la tienda.

*They had the best lattes ever! Eva loved the place, and she seemed to get along with María's friends. Then, they went to the bookstore that was just a few blocks away because Eva wanted to buy a book. Eva fell in love with the building instantly. She liked old buildings, so she appreciated the look of the bookstore. Eva took her time reading the titles of many of the books that were available. When she finally found one that caught her interest, she took it off of the shelf and turned to the man behind the register in the store.*

"¿Cuánto cuesta este libro?", Preguntó Eva.

*"How much is this book?" Asked Eva.*

"Doce dólares", respondió el hombre.

*"Twelve dollars." answered the man.*

"Aquí tiene", dijo Eva, entregándole la cantidad exacta en dólares. "Muchas gracias, y que tenga un buen día."

*"Here you go," said Eva, handing him the exact dollar amount. "Thank you so much, and have a nice day."*

"Gracias, e igual para ti". Él respondió, entregándole el recibo.

*"Thank you, and you as well." He replied, handing her the receipt.*

María y Eva pasaron el resto de la semana juntas. Fueron a la cafetería para reunirse con unos amigos, dieron paseos por el campus y pasaron tiempo sentadas en el césped, leyendo sus nuevos libros. También viajaron una corta distancia para encontrar otros restaurantes, y un cine. Las chicas aprovecharon la mayor parte del tiempo que tenían antes de comenzar clases. Su primera impresión de la vida universitaria fue positiva, y sabían que el año pasaría rápidamente.

*María and Eva spent the rest of the week together. They went to the café to meet up with friends, take walks around campus, and spent time sitting on the lawn, reading their new books. They also traveled a short distance to find other restaurants, and a movie theater. The girls made the most of the time they had before class began. Their first impression of college life was positive, and they knew the year would pass quickly.*

El primer día de clase, María tenía 'introducción a la economía' a las 8 am. A pesar de prepararse para el día, María estaba muy nerviosa y se despertó un poco temprano para reunir sus libros, y cruzar el campus hasta el aula.

*The first day of class, María had 'introduction to economics' at 8 am. Despite preparing for the day, María was very nervous and she woke up a bit early to gather her books, and walk across campus to the classroom.*

María entró en el aula, que ya tenía algunos otros estudiantes sentados en sus escritorios. Era agradable saber que ella no era la única que se sentía ansiosa en el primer día. Encontró un escritorio y se sentó pacientemente mientras más estudiantes llegaban. El profesor fue la última persona en entrar en el aula. Se presentó y comenzó su clase. Era guapo y tenía unos ojos muy azules que María encontraba muy atractivos. Cuando comenzó a hablar a la clase, ¡María se dio cuenta de que estaba mirando fijamente a sus ojos y no escuchando una palabra de lo que estaba diciendo! Necesitaba concentrarse. Escuchó una referencia a la psicología y empezó a sospechar que estaba en la sala de clase equivocada.

*She walked into the room, which already had a few other students seated at their desks. It was nice to know she wasn't the only one who felt anxious on the first day. She found a desk of her own and sat patiently as more students arrived. The professor was the last person to enter the classroom. He introduced himself, and began his lesson. He was handsome, and had very blue eyes that María found very attractive. As he began to speak to the class, María realized she was staring at his eyes and not listening to a word he was saying! She needed to focus. She heard a reference to psychology and began to suspect she was in the wrong class room.*

"¿Es esta el aula 309?", susurró María a la chica sentada a su lado.

*"Is this room 309?" whispered María to the girl sitting next to her.*

"No, esta es el aula 209", contestó la muchacha.

*"No, this is 209." answered the girl.*

"Gracias", dijo María mientras se levantaba silenciosamente, y salía de la clase.

*"Thank you," said María as she quietly stood up, and left the class.*

No podía creerlo. ¡Qué tonta fue! ¿Cómo pudo haber ido al salón de clases equivocado? María incluso había hecho el esfuerzo extra de encontrar sus clases antes de que comenzara la universidad. Empezó a caminar desesperadamente por los pasillos. Corriendo por las escaleras hasta el tercer piso, ella esperaba que su profesor no se molestara de qué iba unos minutos tarde.

> *She couldn't believe it. How silly of her! How could she have gone to the wrong classroom? María had even gone through the extra effort of finding her classes before school began. She started walking through the halls frantically. Running up the stairs to the third floor, she hoped her professor would not mind that she was a few minutes late.*

Pasando aula tras aula y cada vez más ansiosa de que el aula 309 no se encontraba en ninguna parte, María sacó el mapa del campus de su mochila, y respiró profundamente. Tenía que ir al otro lado del edificio, y cruzar el pasillo. Una vez que llegó al aula correcta, María encontró un escritorio vacío en la fila de atrás, y se sentó en silencio para escuchar la clase.

> *Passing room after room and becoming more anxious that room 309 was nowhere to be found, María took the campus map out of her backpack, and took a deep breath. She had to go to the other side of the building, and cross the hall. Once she reached the correct classroom, María found an empty desk in the back row, and quietly sat herself down to listen to the lecture.*

Qué tonto error había cometido. Era algo de lo que podía reírse cuando le explicara a Eva lo que pasó. Casualmente Eva tuvo una experiencia similar ese día.

> *What a silly mistake she had made. It was*

*something she could laugh about when she explained what happened to Eva. Coincidentally Eva had a similar experience that day.*

Eva le explicó, "Estaba sentada en mi clase y no sabía qué esperar. Fue entonces cuando vi a una chica a mi lado etiquetar sus notas y me di cuenta que estaba en la clase incorrecta. Pasé 10 minutos vagando por el pasillo hasta que encontré el aula correcta. ¡Este campus es enorme! "

*Eva explained, "I was sitting in my class and I didn't know what to expect. That's when I saw a girl next to me label her notes and realized I was in the wrong class. I spent 10 minutes wandering through the hall until I found the correct class room. This campus is enormous!"*

Por el resto de la semana, María y Eva prestaron más atención a que número de aula estaban entrando. Ambas tenían clase temprano, de lunes a viernes. Esto significaba que las horas de la tarde estaban disponibles para actividades sociales y para estudiar, pero también significaba que las chicas se cansaban temprano en las noches. A ellas les gustaba estar en la universidad, y especialmente les gustaba compartir la experiencia como amigas.

*For the rest of the week, María and Eva paid extra attention to what class room number they were entering. Both María and Eva had class early, Monday through Friday. This meant the afternoon hours were available for social activities and studying, but it also meant the girls got tired early in the evenings. They liked being at school, and especially liked sharing the experience as friends.*

# Capítulo Seis: Exámenes Parciales
## *Chapter Six: Midterms*

María tomó cuatro clases ese primer semestre. Eran difíciles pero a ella le gustaba el material, y sus profesores siempre estaban disponibles para responder preguntas, o dar ayuda adicional. Ella estudiaba regularmente, se aseguró de que cada tarea fuera entregada al profesor en su fecha de entrega, y mantuvo todas sus tareas organizadas. Esto es para lo que ella se había preparado, y estaba ganando confianza en su capacidad para terminar con éxito las tareas de la universidad. Eva no era tan organizada. Ocasionalmente necesitaba regresar a los dormitorios porque había olvidado un libro o una tarea que debía entregar, pero trabajaba duro y recibía buenas calificaciones.

> *María had taken four classes that first semester. They were tough but she liked the material, and her professors were always available to answer questions, or give extra help. She studied regularly, made sure each assignment was handed to the professor on its due date, and kept all of her coursework organized. This is what she had prepared for and she was gaining confidence in her ability to successfully complete her school assignments. Eva wasn't quite as organized. She would occasionally need to walk back to the dorms because she had forgotten a book or an assignment that was due, but she worked hard and received good grades.*

El tiempo comenzó a pasar más rápido cada mes. En poco tiempo, María y Eva tuvieron que empezar a estudiar para los exámenes parciales. Los exámenes estaban a sólo una semana de distancia, y ellas querían pasar todas sus clases. María comenzó a ir a la biblioteca para investigar y estudiar allí. Le gustaba la biblioteca porque era enorme pero muy tranquila. Con el tiempo, prefirió estudiar en la biblioteca en vez de en las áreas comunes y en su dormitorio.

> *Time began to pass more quickly with each month. Before long, María and Eva had to start studying for midterms. The exams were just a week away, and they wanted to pass all of their classes. María began to go to the library to do some research and to study there. She liked the library because it was huge but so quiet. Over time, she preferred to study in the library rather than in the common areas and her dorm room.*

A sólo tres días de los exámenes parciales, María estaba en la biblioteca como de costumbre y empezó a sentirse extraña. Era posible que estuviera cansada de leer y estudiar casi todo el día. María regresó a su dormitorio y fue directamente a la cama.

> *Just three days before midterms, María was in the library as usual and she started to feel odd. It was possible that she was tired from reading and studying nearly all day. María returned to her dorm and went straight to bed.*

Al día siguiente, María se despertó sintiéndose peor que la noche anterior. Estaba enferma. Tenía un terrible dolor de cabeza y sentía frío. Ella tuvo dificultad para vestirse y prepararse para la clase, aun así logró estar lista y comenzar a caminar a su destino. En el camino, se encontró con una buena amiga.

*The next day, María woke up feeling worse than the night before. She was sick. She had a terrible headache, and she felt cold. She had a hard time dressing and preparing herself for class, but still managed to get ready and start walking to her destination. On her way, she ran into a good friend.*

"¿Te sientes bien, María?", preguntó su amiga.

*"Are you feeling okay, María?" asked her friend.*

"No, no me siento bien, pero de verdad debería ir a clase. Tenemos exámenes parciales en sólo pocos días", respondió María.

*"No, I'm not, but I really should go to class. We have midterms in just a few days" answered María.*

"Sí, lo sé, pero deberías ver a un médico. No te ves muy bien", dijo su amiga.

*"Yes, I know, but you should see a doctor. You don't look so good." said her friend.*

María se despidió de ella y fue a clase. Tenía una clase de economía ese día. Ella se estaba sintiendo peor que cuando se despertó. María se sentó en su escritorio habitual, y comenzó a escuchar a su profesor. No tardó mucho para que sus síntomas fueran notados por otros estudiantes. María empezó a temblar y a estornudar descontroladamente. Se sentía un poco avergonzada. Definitivamente ella no quería interrumpir la clase entera estornudando y tosiendo, así que se fue para la enfermería. Recordó que en su mapa del campus la enfermería estaba en el edificio adyacente. Afortunadamente, María no tuvo ninguna dificultad para encontrar la enfermería.

> *María said goodbye to her and went to class. She had an economics class that day. She was feeling worse than when she woke up. María sat at her usual desk, and started listening to her professor. It didn't take long for her symptoms to be noticed by other students. María began to shiver and to sneeze uncontrollably. She felt a little embarrassed. She definitely didn't want to disrupt the entire class by sneezing and coughing, so she left to go to the nurse's office. She remembered that on her campus map the nurse was in the adjacent building. Fortunately, María didn't have any difficulty finding the nurse.*

Cuando llegó allí, había una encantadora anciana que parecía muy agradable.

> *When she got there, there was a lovely old lady who seemed very nice.*

"Hola querida", dijo la enfermera "¿Qué puedo hacer hoy por ti?"

> *"Hello dear," said the nurse "What can I do for you today?"*

"No me siento muy bien", respondió María.

> *"I am not feeling very well." answered María.*

"Sí, me doy cuenta", dijo la enfermera, entonces le dijo a María que se sentara.

> *"Yes, I can see that," said the nurse, she then instructed María to sit.*

María le explicó, "Me siento muy cansada, mi cuerpo duele, tengo moqueo nasal y tos."

> *María explained, "I feel very tired, my body aches, and I have a runny nose and a cough".*

"Parece que tienes gripe, querida. Necesitas descansar un poco". Dijo la enfermera, mientras le escribía una receta para que María la llevara a la farmacia.

> *"It sounds like you have the flu, my dear. You need to get some rest." said the nurse, as she wrote a prescription for María to take to the pharmacy.*

"Pero espere", dijo María "¡No puedo estar enferma! Tengo exámenes parciales".

> *"But wait," said María "I can't be sick! I have midterms."*

La enfermera le respondió, "Ve a dormir un poco, cuando

te sientas mejor puedes tomar tus exámenes. Si hablas con tu consejero, ellos pueden resolver tu situación".

> *The nurse replied, "Go get some sleep, when you feel better you can take your exams. If you talk with your counselor they can sort out your situation."*

María tomó la receta y agradeció a la enfermera. Al salir, la enfermera le dijo que no se preocupara por los exámenes. María no sabía qué hacer, ya que no quería faltar a sus exámenes. Pensó que lo mejor que podía hacer era hablar con su consejero, así que fue directamente al edificio de servicios estudiantiles después de dejar a la enfermera.

> *María took the prescription and thanked the nurse. As she left, the nurse told her not to worry about the exams. María didn't know what to do as she didn't want to miss her exams. She thought that the best thing to do was to talk to her counselor, so she went straight to the student services building after leaving the nurse.*

Cuando llegó a la oficina de su consejero, estaba exhausta de subir y bajar las escaleras de un edificio a otro. Afortunadamente, su consejero estaba en la oficina ayudando a otro estudiante, así que María tomó asiento y esperó pacientemente. Mientras estaba esperando para hablar con su consejero, María se sintió horrible. Estaba helada y no podía dejar de temblar.

> *When she got to her counselor's office, she was exhausted from going up and down the stairs from one building to the other. Fortunately, her counselor was in the office helping another student, so María took a seat and waited patiently. While*

*she was waiting to talk to her counselor, María felt awful. She was freezing and couldn't stop shivering.*

Cuando el consejero estuvo disponible, María entró a la oficina y le explicó todo. María estaba preocupada y no sabía qué hacer. Su consejero le explicó que no había ningún problema, y que tenían fechas especiales de exámenes parciales, para las personas que no podían ir a los primeros exámenes. El consejero de María le prometió que notificaría a sus profesores y que le enviaría las nuevas fechas de los exámenes por correo electrónico, junto con las guías de estudio actualizadas. María se sintió aliviada después de escuchar esto, y agradeció a su consejero.

*When the councilor was available María went into the office and explained everything. María felt concerned and didn't know what to do. Her counselor explained that there was no problem, and that they had special midterm dates for people who couldn't go to the first exams. María's counselor promised her that she would notify her teachers and that she would send her the new test dates by email, along with the updated study guides. María felt relieved after hearing this, and thanked her counselor.*

Ahora era el momento de llenar la receta de la enfermera de la escuela. María pasó un momento terrible camino a la farmacia ya que esto significó caminar más y más. Se sintió como una eternidad, pero lo hizo. Ella fue a la farmacia y compró su medicina, así como otras cosas que necesitaba, tales como sopa de pollo y jarabe para la tos. Luego regresó a su dormitorio. María se acostó en su cama, respiró profundamente y se quedó dormida.

*Now it was time to fill the prescription from the school nurse. María had an awful time going to the drugstore as this meant more and more walking. It felt like an eternity, but she did it. She went to the pharmacy and bought her medicine as well as other things she needed such as chicken soup and cough syrup. Then she returned to her dorm. María laid down in her bed, took a deep breath, and fell asleep.*

Eva estuvo al pendiente de María durante los cuatro días siguientes, ofreciendo llevarle té caliente, y cualquier otra cosa que ella necesitara. Eva era una buena amiga, y quería que María se sintiera mejor lo más rápido posible.

*Eva checked in on María over the next four days, offering to bring warm tea, and anything else she needed. Eva was a good friend, and she wanted María to feel better as quickly as possible.*

# Capítulo Siete: Exámenes finales

## *Chapter Seven: Finals*

María se sentía mejor antes de la fecha asignada de su examen parcial. Estaba segura de que pasaría el examen porque había tomado excelentes notas en cada lección, y había estudiado bastante. Ella sonrió cuando salió de la sala de examen y se sintió relajada. ¡Lo había hecho, había pasado!

> *María felt better before her assigned mid-term date. She was confident she would pass the test because she had taken great notes on every lesson and studied very hard. She smiled as she walked out of the exam room and felt relaxed. She had done it, she had passed!*

Su sonrisa disminuyó durante las siguientes semanas, a medida que el trabajo de clase se hizo más intenso y las lecciones se hicieron más difíciles. Se le pedía que hiciera mucha más lectura y tuvo que reorganizar su horario para acomodar la carga de trabajo adicional. La clase de economía comenzó a causarle algunos problemas. Tomaba notas tan rápido como podía en clase, pero no siempre entendía la lección. Su consejero le recomendó que buscara ayuda de un tutor, y María siguió el consejo.

> *Her smile faded over the next few weeks as classwork became more intense and the lessons became harder. She was required to do a lot more reading and had to rearrange her schedule to*

*accommodate the extra work load. Economics class started to cause her some trouble. She took notes as fast as she could in class, but didn't always understand the lesson. Her counselor recommended that she find a tutor for help, and María took the advice.*

El tutor fue paciente con María, y fue capaz de explicarle todo lo que no entendía de las lecciones. Él era un estudiante del último año que ya había tomado la clase y recibió un 'A' por su trabajo. Habló con claridad y María encontró su ayuda muy útil. Las calificaciones de María mejoraron lentamente durante el semestre.

*The tutor was patient with María, and he was able to explain everything she didn't understand from the lessons. He was a senior who had already taken the class and received and A for his work. He spoke clearly and María found him to be very helpful. María's grades slowly improved through the semester.*

Su amiga Eva también lo estaba haciendo bien. Ella estaba tomando más clases que María, y tenía más libros para leer. Sin embargo, Eva todavía tenía tiempo para tener una vida social, e incluso comenzó a salir con un chico cuya especialidad era filosofía. Parecía feliz, pero le dijo a María que no creía que su relación duraría. María sabía que Eva le tenía miedo al compromiso.

*Her friend Eva was also doing well. She was taking more classes than María, and had more books to read. Nevertheless, Eva still had time to have a social life, and she even started dating a guy whose major was philosophy. She seemed happy, but she told María that she didn't think her relationship would last. María knew that Eva was afraid of commitment.*

Como el período estaba llegando a su fin, ¡María sabía que era hora de tomar los exámenes finales! No estaba nerviosa porque se sentía sana y sabía qué esperar en los exámenes. Eran muy difíciles, pero María se concentró, estudió cada tema, y recibió calificaciones mínimas para aprobar. El día de su examen final de Economía, María estaba reconociblemente ansiosa, ya que esta clase fue en la que ella trabajó más duro. Gracias a su tutor, María no tuvo ningún problema en aprobar el examen.

*As the term was coming to its end, María knew it was time to take final exams! She wasn't nervous because she felt healthy and knew what to expect in the exams. They were very difficult, but María focused, worked through each subject, and received passing grades. The day of her Economics final, María was admittedly anxious, as this class was the one that she worked the hardest to complete. Thanks to her tutor, María had no problem passing her exam.*

Los amigos de María pasaron sus finales también, así que decidieron cocinar una gran comida para celebrar su primer período en la universidad. Fueron a la casa de un amigo, y tuvieron una maravillosa parrillada. Todos trajeron un plato, y ayudaron con la preparación y limpieza.

*María's friends passed their finals too, so they decided to cook a big meal to celebrate their first term in college. They went to a friend's house, and had a wonderful barbecue. Everyone brought a dish, and helped with the preparation and clean-up.*

María estaba a cargo de llevar una ensalada a la reunión, así que fue al supermercado fuera del campus para comprar algunos vegetales y otros ingredientes. Primero, María fue a la sección de quesos y encontró un poco de feta desmenuzado para la ensalada. Luego eligió todos los vegetales que incluiría y algunos arándanos secos. Luego encontró su aderezo favorito, pero ¿dónde estaba la quinoa? Esta era una tienda grande y ella no iba frecuentemente para saber dónde estaba todo ubicado. Caminó a través de los pasillos del supermercado, una y otra vez, y todavía no podía encontrarla. Vio a una muchacha, que llevaba puesto el uniforme del supermercado, caminando hacia ella y le pidió indicaciones.

*María was bringing a salad to the gathering, so she went to the supermarket outside campus to get some vegetables and other ingredients. First, María went to the cheese section and found some crumbled feta for the salad. Then she chose all the vegetables she would include and some dried cranberries. Then she found her favorite salad dressing, but where was the quinoa? This was a big store and she did not come often enough to know where everything was located. She walked through the supermarket aisles, over and over, and she still couldn't find it. She saw a girl wearing the supermarket's uniform walking toward her and she asked her for directions.*

"¿Dónde puedo encontrar la quinoa, por favor?", dijo María.

*"Where can I find the quinoa please?" said María.*

"Allí mismo, en el siguiente pasillo a su izquierda", respondió la chica.

*"Right there, in the next aisle to your left." replied the girl.*

"¡Excelente!", dijo María "¿Sabes cuánto cuesta?"

*"Great!" said María "Do you know how much it cost?"*

"Doce dólares", dijo la chica.

*"Twelve dollars," said the girl.*

María encontró la quinoa y pagó por todo en su cesta. Al salir del supermercado, se dio cuenta de que era increíblemente tarde. Tenía que ir a su dormitorio, preparar la ensalada, cambiarse de ropa, y luego ir a la casa de su amigo. Pensó que la mejor manera de regresar al campus lo antes posible era tomando un taxi. María caminó hacia la siguiente avenida principal y rápidamente hizo señas a un taxi amarillo que estaba pasando.

*María found the quinoa and paid for everything in her basket. As she was leaving the supermarket, she realized that it was incredibly late. She had to go to her dorm, prepare the salad, change her clothes, and then go to her friend's house. She thought that the best way to get back to campus quickly was to take a taxi. María walked to the next major avenue and rapidly signaled a yellow cab that was driving by.*

Llegó a su dormitorio en cuestión de minutos. Primero, preparó la ensalada en la cocina del dormitorio. Ella cortó y mezcló y cuando estaba lista, ¡se veía y olía absolutamente deliciosa! Luego se apresuró a arreglarse, ella quería cambiarse de ropa.

*She arrived at her dorm within a matter of minutes. First, she prepared the salad in the dorm's kitchen. She chopped and tossed and when it was complete, it looked and smelled absolutely delicious! Then she hurried to get ready, she wanted to change her clothes.*

Cuando terminó de arreglarse, María encontró a Elena y decidieron ir juntas a la parrillada. Caminaron hasta la casa de su amigo, y llegaron justo a tiempo para la comida. Se divirtieron mucho hablando y riendo sobre cómo sobrevivieron su primer semestre en el campus, y la parrillada fue definitivamente un éxito. Todos estaban emocionados porque los exámenes finales habían terminado, y ellos iban a tener tiempo libre de la universidad por las próximas semanas.

*When she finished getting ready, María found Elena and they decided to go to the barbecue together. They walked to their friend's house, and arrived just in time for the meal. They had great fun talking and laughing about surviving their first semester on campus, and the barbecue was definitely a success. Everyone was excited because finals were over, and they were going to have time off from school for the next few weeks.*

María se fue a casa, y se acostó en la cama esa noche sintiéndose realizada y agradecida de tener tan buenos amigos. ¡Ella la pasó de maravillas escuchando historias de sus experiencias, y compartiendo algunas de las suyas! También estaba emocionada de tener un descanso de la universidad, y volver a casa en Georgia, ya que extrañaba mucho a su familia. ¡María y su familia tenían muchas actividades planeadas! Incluso planearon visitar a sus parientes lejanos en Canadá después de las vacaciones.

*María went home and laid in bed that night feeling accomplished and thankful to have such good friends. She had a wonderful time hearing stories of their experiences, and sharing a few of her own! She was also excited to have a break from school, and go back home to Georgia, as she missed her family very much. María and her family had lots of activities planned! They even planned to visit extended family in Canada after the holidays.*

Cuando empezó a hacer sus maletas para regresar a casa, recordó lo juguetón que Max había estado meses antes, arrojando su ropa alrededor de su dormitorio y empujando las maletas debajo de su cama. Sería agradable jugar con él otra vez. Era un perro tan feliz.

*As she started to pack her bags to return home, she remembered how playful Max had been months earlier, tossing her clothes around her bedroom and pushing the suitcases under her bed. It would be nice the play with him again. He was such a happy dog.*

Al día siguiente, ella fue con Eva al aeropuerto, y ambas volaron a casa juntas. Era más divertido viajar con una amiga, y María esperaba que lo hicieran de nuevo el próximo semestre. Ambas estaban contentas de ver a sus amigos al volver a casa. ¡Había mucho que decir a todo el mundo! Las chicas habían hecho nuevos amigos, tenían nuevas experiencias, y aprendieron muchas cosas nuevas. ¡La universidad era una aventura, y tanto María como Eva consideraron su primer semestre un gran éxito!

*The very next day, she went with Eva to the airport, and they both flew home together. It was more fun to travel with a friend, and María hoped they would do it again next semester. They were both happy to see their friends back home. There was a lot to tell everyone! The girls had made new friends, had new experiences, and learned many new things. College was an adventure, and both María and Eva considered their first semester a great success!*

Please don't forget to leave a review.

**This is the end of Section 1**

# Section 2

# 1 Capítulo Uno: Últimos días en Georgia

Conoce a María. Ella es una chica común, de dieciocho años de edad, a quien le encanta ver películas y pasar tiempo con sus amigos. Ella nació y creció en Lawrenceville, Georgia. Después de graduarse de la escuela secundaria, María estaba emocionada por mudarse a la universidad y comenzar una nueva vida.

Aunque insegura de cual universidad escoger, ella estaba absolutamente segura de donde quería ir a estudiar. María siempre soñó con estudiar en California. Ella había trabajado duro durante la escuela para obtener buenas calificaciones y así poder asistir a una buena universidad. Cuando las cartas de aceptación llegaron por correo, todas venían de universidades en California. María estaba muy emocionada cuando abrió las cartas. ¡Fue aceptada en todas las universidades que habían recibido su solicitud! Mientras leía las cartas, le resultaba difícil decidir a cuál de ellas quería asistir.

Sin embargo, eventualmente seleccionó una universidad. Entonces comenzó la cuenta regresiva de los días que faltaban para su gran mudanza a California. María empezó a preparar todo. Ella iba a enviar una caja a la universidad y llevar el resto con ella en el avión. Organizó su ropa, maquillaje, y otras pertenencias personales. Ella también fue a la tienda para comprar algunas cosas para amueblar su dormitorio en California.

María decidió que el mejor plan era ir a una gran tienda por departamentos y comprar allí todo lo que necesitaba en un solo viaje. Ella necesitaba comprar artículos que la ayudarían a organizar su guardarropa, así como su escritorio. En la tienda, ella buscó entre las secciones de papelería y oficina, y rápidamente encontró la mayor parte de lo que ella pensó que necesitaría. Esto incluía organizadores de escritorio, contenedores para lápices y un tablero de corcho para fijar notas, recordatorios y algunas fotografías para recordar a sus amigos en casa. A ella le gustaban mucho los artículos de papelería. Había algo especial acerca de escribir cartas a mano en un lindo papel estampado que se sentía bien, por lo que terminó comprando algunos artículos que no estaban en su lista. Ella compró cuadernos lindos, un hermoso diario, y algunas plumas y resaltadores de colores muy agradables. María también compró muchas notas Post-It. Le encantaban y las usaba para todo, desde recordatorios de citas, hasta listas de compras. No podía vivir sin ellas.

María se consideraba una persona muy organizada y preparada, y ahora que estaría viviendo en un pequeño dormitorio de la universidad, necesitaría algunos artículos más. Había muchos artículos en la sección de la tienda por departamentos etiquetados como "hogar". Su dormitorio sería, de hecho, su nuevo hogar y ella quería sentirse cómoda en él. María necesitaría usar todo el espacio disponible para acomodar todas sus pertenencias.

Ella estuvo de compras durante bastante tiempo. Después de una hora aproximadamente, la mayoría de los artículos que ella quería comprar estaban en su carro de compras. Sólo quedaban algunas cosas por encontrar, y necesitaba ayuda para localizarlas en la tienda. Mientras empujaba su carrito de compras por otro pasillo, notó a un empleado colocando toallas cuidadosamente dobladas en un estante.

"Hola", dijo ella mientras se acercaba al empleado de la tienda "¿Podría ayudarme, por favor?"

"Sí. ¿Qué buscas?" preguntó el hombre.

"Quiero comprar algunas perchas y un organizador de zapatos, pero no puedo encontrarlos." Dijo María.

"Para encontrar tanto perchas como organizadores, tienes que ir al pasillo 7. Toma ese camino", dijo mientras señalaba el pasillo principal de la tienda, "y luego gira a la derecha después de pasar el segundo pasillo, allí es donde encontrarás todo lo que necesitas. "

"¡Gracias!" respondió María.

María siguió las instrucciones, y encontró tanto las perchas como el organizador de zapatos, tal como el empleado le dijo. Ella salió de la tienda con una sensación de logro y estaba lista para terminar de empacar. Todos sus artículos fueron empacados en cajas, las que etiquetó cuidadosamente, de modo que desempacar sería fácil.

Mientras María empacaba, su teléfono sonaba y se iluminaba con cada nuevo mensaje de sus amigos. Graduarse de la escuela con gente tan buena es algo que María nunca olvidaría. Había mensajes alentadores, mensajes divertidos y también mensajes motivacionales. Empacar fue mucho más agradable con estas pequeñas distracciones.

Todos los amigos de María iban a la Universidad de su elección. La mayoría de ellos se quedaban en Georgia, cerca de casa, mientras algunos planeaban viajar a otros estados. ¡Una de sus mejores amigas, Eva, planeó estudiar en la misma universidad a la que María asistiría! Ella estaba muy entusiasmada de que Eva estaría en el campus con ella. Ellas tendrían clases diferentes, ya que Eva iba a especializase en Psicología y María estaba interesada en Administración de Empresas y Economía, pero ellas iban a vivir en el mismo edificio y se verían todos los días. Lo único que haría la experiencia perfecta era si pudieran compartir dormitorio. Los estudiantes no podían escoger sus propios compañeros de dormitorio, y había muchos dormitorios en el edificio. María y Eva sabían que era poco probable que pudieran vivir juntas, pero esperaban tener suerte, y que la escuela les asignaría el mismo dormitorio.

Con la mudanza a pocos días, la familia y amigos de María organizaron una gran fiesta para celebrar su nueva aventura. La fiesta fue en casa de la familia, y su padre preparó una deliciosa comida para todos los invitados en la parrilla al aire libre. Pasaron un buen rato mientras comían, reían, y compartían recuerdos de la infancia de María. Su madre incluso mostró a los invitados algunas fotos embarazosas de su infancia, y todos sonreían y pensaban en lo rápido que había pasado el tiempo.

La madre de María quería estar segura de que ella tenía todo lo que necesitaba. Ambas disfrutaban ir de compras juntas, entonces su madre decidió llevarla de compras una última vez. Ella le dijo a María una y otra vez, como hacen todas las madres, que debería llevar un poco más de ropa. Cada vez que María escuchaba a su madre decir eso, ella le repetía que no iba a tener mucho espacio, así que no llevaría mucha ropa con ella.

Su madre insistió, así que María fue junto a su mamá para hacerla feliz. Fueron a un centro comercial en una ciudad cercana, y pasaron una tarde entera explorando las diferentes tiendas. María se alegró de haber ido juntas, y le gustó pasar tiempo de calidad con su madre. Iba a extrañarla cuando se mudara.

Finalmente, su último día en Georgia había llegado. No podía creer que en sólo 24 horas estaría viajando a California, y mudándose a la universidad. Estaba muy emocionada y pasó la mayor parte de la noche enviando mensajes de texto a su amiga Eva.

# 2 Capítulo Dos: Mudanza a California

"¡Por fin llegó el momento!" pensó María. Era el día de la mudanza. ¡Hora de desayunar! Era la última comida que comería en casa por varios meses. Sus padres decidieron tomarse el día libre, pasar algún tiempo con ella, y llevarla al aeropuerto. María sonreía mientras se comía dos de los maravillosos waffles de fresa de su madre, cubiertos con jarabe de arce y crema batida.

Después de desayunar, María fue a su habitación para cerrar sus maletas, y verificar por última vez cualquier cosa que pudiera haber olvidado. ¡Ella subió y encontró un desorden en el piso! Su ropa estaba por toda la habitación, y las maletas estaban debajo de su cama. Ella había dejado su ropa cuidadosamente encima de las maletas, y ahora estaban esparcidas y arrugadas. Sorprendida, miró fijamente el desorden y luego escuchó un ladrido. "¡Por supuesto!" pensó. Su perro Max había hecho todo ese desorden. Era un perro juguetón, pero a veces era demasiado juguetón. María no podía sentirse molesta con Max. Le echaría de menos mientras estaba lejos, así que antes de acomodar de nuevo se sentó para acariciar su suave pelaje y le dijo cuánto lo extrañaría.

Ella colocó sus maletas de nuevo en la cama, y volvió a empacar su ropa. María decidió que una maleta iba a ser para la ropa de primavera y verano, y la otra para la ropa de otoño e invierno. "Afortunadamente no será muy frío, así que no tendré que llevar grandes chaquetas de invierno conmigo" Pensó mientras colocaba cada artículo cuidadosamente en su lugar. No pasó mucho tiempo antes de que las maletas estuvieran llenas y ella estuviera lista.

Mientras ella cerraba una de las maletas, María escuchó tocar la puerta. Era su mamá.

"¿Puedo entrar?" Dijo la mamá de María.

"Claro mamá. ¿Qué pasa?" respondió María.

"Vine aquí para ayudarte con tus cosas y para darte esto", dijo su mamá mientras sacaba una bufanda detrás de su espalda.

Era la bufanda preferida de María. Pertenecía a su mamá, y su madre la había tenido desde que estaba en la universidad.

"Recuerdo que la compré mientras estaba en la universidad. Parece que te gusta, así que quiero que la tengas", dijo su mamá.

"¡Muchas gracias mamá!" Exclamó María, estaba muy feliz.

Ella puso la bufanda en su mochila, y su madre la ayudó a bajar el equipaje. Tenía todo lo que necesitaba, así que caminó por la cocina, tomó un bocadillo para el viaje al aeropuerto, y echó una última mirada a la casa. María estaba eufórica de irse a la universidad, pero se sintió un poco triste al darse cuenta de cuánto iba a extrañar a su familia y a su ciudad natal.

Antes de que María se pusiera muy emotiva, su mamá apareció y le dijo que era hora de ir al aeropuerto. María quería llegar temprano para el vuelo, ya que tenía equipaje que registrar, y siempre era posible que hubiera una larga fila en la puerta de su aerolínea. Ella sonrió a su mamá, y junto a sus padres comenzaron a conducir hacia el aeropuerto. El camino los llevó por toda la ciudad y María estaba feliz de que podía dar una última mirada a la ciudad donde ella y sus amigos habían formado recuerdos de por vida.

Su amiga Eva se iría a California un par de semanas después de María. En su camino al aeropuerto, María envió un mensaje de texto a Eva diciendo que ellas pasarían un buen tiempo juntas en la universidad y que deberían reunirse tan pronto como Eva llegara.

María y sus padres llegaron al aeropuerto, pero ella nunca había viajado sola. Sus padres vieron que se estaba poniendo nerviosa y la tranquilizaron.

"No te preocupes, todo va a estar bien". Dijo su madre mientras abrazaba a María.

Lo primero que había que hacer, era el check-in. Se dirigió a las máquinas que bordeaban la pared del vestíbulo, y que estaban etiquetas como "Check-in". Tecleó la información de su vuelo en la pantalla, y después de dos pasos adicionales, se imprimió su tarjeta de embarque. Ella llevó la tarjeta de embarque al mostrador en frente de las máquinas para dejar su equipaje. Todo estaba listo.

Ella se despidió de su mamá y su papá. Ellos le desearon buena suerte a María y le dijeron que se cuidara. María les dio un beso de despedida y se fue a esperar en la fila para el chequeo de seguridad. Había mucha gente en el aeropuerto, así que esperó mucho tiempo en la fila. Finalmente pasó el chequeo de seguridad y fue a buscar su puerta. Tenía que ir a la puerta siete, así que empezó a caminar por el aeropuerto para encontrarla. Caminó y caminó, y luego caminó un poco más. Pasó por muchas puertas, pero no pudo encontrar la puerta siete.

Se sentía como si estuviera perdida. María finalmente decidió pedir ayuda a alguien. Vio a una señora con un uniforme de seguridad y supo que ella le podría dar instrucciones sobre dónde ir.

"Hola", dijo María "¿Dónde está la puerta número siete?"

"La puerta número siete está por ese camino", dijo la señora mientras señalaba en la dirección opuesta. "Baja por este pasillo y, al final, ve a tu izquierda. Verás que encima de ti hay señales que indican la dirección a cada puerta".

"¡Muchas gracias!" dijo María.

Ella siguió las instrucciones, leyendo las señales a lo largo del camino. Estuvieron allí todo el tiempo. Se sintió un poco tonta por no haberlas notado antes.

María finalmente llegó a su puerta. Se sentó y esperó a que comenzara el abordaje. Fue una espera corta antes de que anunciaran que los pasajeros tenían que comenzar a abordar el avión. María tardó algún tiempo en subir a bordo, ya que todos los asientos del avión habían sido vendidos. Ella estaba muy emocionada de volar a California.

Una vez en el avión, María se sentó en su asiento. Se puso los audífonos y durmió durante todo el vuelo. La despertó el capitán anunciando el aterrizaje, María sonrió con emoción. Estaba a punto de comenzar un nuevo capítulo en su vida.

# 3 Capítulo Tres: Semana de Orientación

Durante el aterrizaje, María observó el horizonte de Los Ángeles a través de la ventana. Su llegada al aeropuerto fue sin inconvenientes, encontró su equipaje rápidamente, y tomó un taxi a la universidad.

Ella llegó al campus para descubrir que había estudiantes con mayor experiencia esperando para ayudar con las direcciones y dar la bienvenida a los recién llegados. María llevó su equipaje hasta donde uno de estos estudiantes estaba ayudando a otros, y esperó hasta que él tuviera un momento para ayudarla. Cuando él le prestó atención, María preguntó por dónde debía ir para encontrar su nuevo dormitorio. Ella admitió sentirse un poco nerviosa y perdida. Él le dijo que era normal sentirse así mientras le entregaba un paquete de bienvenida. Entonces le dijo dónde conseguir la llave de su dormitorio y un mapa.

"¿Podrías explicarme otra vez?", preguntó María.

"Por supuesto. Ve por este camino, gira a la derecha y continúa caminando hasta que encuentres el mostrador de información, ellos tienen las llaves allí ", dijo el chico.

"¡Gracias!", dijo María.

Ella siguió sus instrucciones, y en pocos minutos encontró el mostrador de información. Allí encontró a un recepcionista que tenía muchos papeles y llaves. María le preguntó acerca de la llave de su dormitorio y el horario. Él le dijo que tenía que darle unos minutos para organizarse. Después de poner algunas de las llaves sueltas de nuevo en sus ganchos numerados, el muchacho le dio a María las llaves de su dormitorio, y una carpeta llena de papeles con una lista de actividades de la 'semana de bienvenida'.

Ella le agradeció por toda la información y dejó el mostrador en busca de su habitación. María comenzó a alejarse, hasta que se dio cuenta de que no tenía ni idea de dónde estaba su dormitorio. Buscó en el folleto que el muchacho le había dado para ver si había incluido un mapa del campus. Encontró un mapa del campus, y se dio cuenta de que estaba caminando en la dirección equivocada. Se dio la vuelta y comenzó a seguir el camino en el mapa del campus. Los dormitorios estaban en el lado opuesto del campus. María pensó que era una excelente oportunidad para echar un vistazo.

Mientras estaba caminando, vio a una chica que parecía tan confundida como ella estaba cuando recién llegó. Tal vez estaba perdida. Cuando María pasaba cerca, la chica la detuvo.

"Hola", dijo la chica "Siento molestarte, pero estoy buscando los dormitorios y no los encuentro. ¿Sabes dónde están?"

"Sí. ¡Yo también voy a los dormitorios! estaba perdida, pero luego me di cuenta de que había un mapa del campus en nuestras carpetas de 'bienvenida'". María le mostró a la chica el mapa "¿No te dieron uno?"

"No creo", respondió la chica.

"No te preocupes", dijo María "Ven conmigo. Tenemos el mapa así que no deberíamos perdernos".

La chica se rió. Mientras hablaban y caminaban, María se enteró que su nombre era Elena. Al parecer, habían asignado a Elena a la habitación de al lado de María. Elena parecía amable. Era muy divertida y alguien fácil para conversar. María también se enteró que Elena iba a especializarse en Artes, y que tenía una pasión por el dibujo. Elena prometió mostrarle algo del arte que ella había creado.

Estaba comenzando a hacerse tarde y ambas estaban exhaustas de un día tan emocionante. Ellas estaban felices de llegar finalmente a los dormitorios. Subieron a sus habitaciones y se despidieron, acordando reunirse al día siguiente en una actividad para los nuevos estudiantes.

María se despertó la mañana siguiente, con un sol radiante y una mañana cálida. Estaba emocionada de encontrarse con Elena fuera de los dormitorios. Caminaron al edificio principal, donde algunos profesores y estudiantes explicaban dónde se encontraban los edificios importantes en el campus, y donde podían ir a buscar información sobre las actividades y los horarios de clases. Los nuevos estudiantes estaban reunidos en un aula grande para la orientación, que duró aproximadamente dos horas. Las muchachas asistieron a la asamblea esa mañana y querían almorzar juntas ese día.

Uno de los estudiantes con mayor experiencia había sugerido probar una pizzería italiana ubicada a pocas cuadras fuera del campus. ¡Dijo que era la mejor pizza que encontrarían en todo el estado! Elena y María tomaron su consejo y tuvieron un almuerzo excelente allí.

Mientras estaban comiendo y hablando, Elena le contó a María acerca de su compañera de habitación. Aparentemente, la compañera de Elena era muy callada y no hablaba mucho. "Tal vez sólo necesita un poco de tiempo para adaptarse a la universidad", dijo María. Luego ella le dijo a Elena que su compañera de habitación aún no había llegado.

"No dijeron nada cuando me dieron las llaves, pero creo que llegará pronto". Dijo María.

El resto de la 'semana de bienvenida' estaba llena de actividades con el propósito de reunir a los estudiantes y darles ideas sobre qué esperar. Algunas de las actividades eran aburridas, pero tuvieron la oportunidad de hacer algunos nuevos amigos y junto con ellos fueron a buscar más restaurantes locales.

# 4 Capítulo Cuatro: Los Dormitorios

María pensaba que los dormitorios eran agradables. Durante la primera semana, ella no tuvo ningún problema con su habitación, y sus amigos estaban contentos con sus habitaciones también. El edificio estaba lleno de estudiantes de primer año. Todos tenían diferentes intereses y origen, y todos querían saber más acerca de sus especialidades en la universidad. Los estudiantes con mayor experiencia estaban alojados en otro edificio en el lado opuesto del campus.

Los dormitorios de los estudiantes de primer año tenían cinco pisos. En el primer y el quinto piso, había áreas comunes con sofás. Aquí los estudiantes podían reunirse entre clases o al final del día para relajarse y estudiar. Estos pisos también tenían electrodomésticos básicos de cocina para calentar comida o hacer café. Los estudiantes vivían en el segundo, tercero y cuarto pisos en habitaciones pequeñas. Cada habitación tenía dos camas.

La compañera de habitación de María no había llegado aún, así que ella pudo escoger la cama que más le gustaba. Eligió la cama del lado izquierdo de la habitación. Ella prefería esa porque tenía mejor iluminación de la ventana de la habitación. Su cama era muy cómoda y ella además compró algunas almohadas extra para mayor comodidad.

Durante la primera semana, María colocó todas sus pertenencias perfectamente en su lugar mientras desempacaba sus maletas. Arregló todos los útiles escolares en su escritorio, guardó parte de su ropa en cajones y colgó el resto en perchas en un pequeño armario. El zapatero era especialmente útil. Colgó algunas fotos de casa en la pared y cubrió la ventana con una cortina de color rosa pastel.

Después de su primera semana, María empezó a sentirse cómoda en su nueva habitación. Su compañera de habitación aún no se había presentado y María estaba deseosa de conocerla. Ella hizo una consulta y la mujer detrás del mostrador de información verificó en su computadora y luego le dijo a María que su compañera de habitación debía llegar al día siguiente.

Todavía quedaban siete días antes de que comenzaran las clases, pero María quería estar preparada. Se despertó a la mañana siguiente y salió a buscar lo que necesitaría en los próximos meses. Ella imprimió su programa de cursos y compró todos los libros que necesitaría para cada curso. Incluso caminó alrededor del campus para encontrar dónde se llevaría a cabo cada una de sus clases. Esto le dio confianza de que su primer día de universidad sería un éxito.

Elena le preguntó a María si quería tomarse una taza de café en una cafetería que era popular entre los nuevos estudiantes. Ahora que tenía todo en orden, tomar un café le parecía una maravillosa manera de relajarse. La cafetería era linda, y había varios estudiantes de primer año sentados en pequeñas mesas redondas conversando. María reconoció a varios de los estudiantes de primer año de su dormitorio.

Después del café, las dos amigas fueron a una librería que estaba a pocas cuadras de la cafetería. Ambas disfrutaban de la lectura, pero no habían traído ningún libro con ellas, ya que eran demasiado grandes para llevar en equipaje. Era agradable tener una nueva amiga que compartía el amor por la lectura.

La librería era vieja y tenía estanterías grandes, de madera y antiguas. Tenía un ambiente encantador, y había asientos cómodos para los clientes que querían pasar algún tiempo y leer en el tranquilo edificio. Había cientos de libros, de todos los géneros, y las dos chicas pasaron el resto de la tarde eligiendo algunos para llevar a casa.

Felices con su nuevo material de lectura, y cansadas de tanto caminar, María y Elena regresaron a sus habitaciones para descansar. Del lado fuera de su puerta, María oyó un ruido desde dentro de su habitación. Probablemente era su nueva compañera de cuarto. María entró y vio a alguien debajo de una gran pila de ropa. Todo era un desorden, ropa, zapatos y otras pertenencias en completo caos en el piso. María dijo en voz alta: "Hola", y su nueva compañera de cuarto se sentó. María no podía creer lo que veía. ¡Era Eva!

Se dieron un gran abrazo y gritaron de emoción. María ayudó a Eva con sus cosas y en poco tiempo la habitación estaba una vez más limpia y ordenada. Eva le contó a María acerca de sus últimos días en Georgia y María le contó a Eva sobre sus primeros días en la universidad. María le prometió a Eva que al día siguiente le mostraría el campus y la presentaría a todos los que había conocido.

# 5 Capítulo Cinco: Las primeras clases

Al día siguiente, María le mostró a Eva los alrededores del campus justo como había prometido. Le mostró a Eva el edificio principal, donde se llevaban a cabo cada una de las clases, y la pizzería. María también fue con Eva a los comedores del campus y a la biblioteca. Tanto a María como a Eva les gustaba el campus.

Después del almuerzo, María llevó a Eva a la linda cafetería que estaba justo fuera del campus. Allí se encontraron con los nuevos amigos de María.

"Hola a todos, ésta es Eva", dijo María.

"¡Hola!", dijo Eva a los amigos de María que estaban sentados en una mesa grande.

"Estos son Tomás, Lucía, Elena, Carmen, Juan, Ramón y Jorge", dijo María.

"Encantada de conocerlos", dijo Eva.

¡Tenían los mejores café con leche! A Eva le encantó el lugar, y parecía llevarse bien con los amigos de María. Luego, fueron a la librería que estaba a pocas cuadras de distancia porque Eva quería comprar un libro. Eva se enamoró del edificio al instante. Le gustaban los edificios antiguos, así que apreciaba el aspecto de la librería. Eva se tomó su tiempo leyendo los títulos de muchos de los libros que estaban disponibles. Cuando finalmente encontró uno que atrajo su atención, lo sacó del estante y se volvió hacia el hombre detrás de la caja registradora de la tienda.

"¿Cuánto cuesta este libro?", Preguntó Eva.

"Doce dólares", respondió el hombre.

"Aquí tiene", dijo Eva, entregándole la cantidad exacta en dólares. "Muchas gracias, y que tenga un buen día."

"Gracias, e igual para ti". Él respondió, entregándole el recibo.

María y Eva pasaron el resto de la semana juntas. Fueron a la cafetería para reunirse con unos amigos, dieron paseos por el campus y pasaron tiempo sentadas en el césped, leyendo sus nuevos libros. También viajaron una corta distancia para encontrar otros restaurantes, y un cine. Las chicas aprovecharon la mayor parte del tiempo que tenían antes de comenzar clases. Su primera impresión de la vida universitaria fue positiva, y sabían que el año pasaría rápidamente.

El primer día de clase, María tenía 'introducción a la economía' a las 8 am. A pesar de prepararse para el día, María estaba muy nerviosa y se despertó un poco temprano para reunir sus libros, y cruzar el campus hasta el aula.

María entró en el aula, que ya tenía algunos otros estudiantes sentados en sus escritorios. Era agradable saber que ella no era la única que se sentía ansiosa en el primer día. Encontró un escritorio y se sentó pacientemente mientras más estudiantes llegaban. El profesor fue la última persona en entrar en el aula. Se presentó y comenzó su clase. Era guapo y tenía unos ojos muy azules que María encontraba muy atractivos. Cuando comenzó a hablar a la clase, ¡María se dio cuenta de que estaba mirando fijamente a sus ojos y no escuchando una palabra de lo que estaba diciendo! Necesitaba concentrarse. Escuchó una referencia a la psicología y empezó a sospechar que estaba en la sala de clase equivocada.

"¿Es esta el aula 309?", susurró María a la chica sentada a su lado.

"No, esta es el aula 209", contestó la muchacha.

"Gracias", dijo María mientras se levantaba silenciosamente, y salía de la clase.

No podía creerlo. ¡Qué tonta fue! ¿Cómo pudo haber ido al salón de clases equivocado? María incluso había hecho el esfuerzo extra de encontrar sus clases antes de que comenzara la universidad. Empezó a caminar desesperadamente por los pasillos. Corriendo por las escaleras hasta el tercer piso, ella esperaba que su profesor no se molestara de qué iba unos minutos tarde.

Pasando aula tras aula y cada vez más ansiosa de que el aula 309 no se encontraba en ninguna parte, María sacó el mapa del campus de su mochila, y respiró profundamente. Tenía que ir al otro lado del edificio, y cruzar el pasillo. Una vez que llegó al aula correcta, María encontró un escritorio vacío en la fila de atrás, y se sentó en silencio para escuchar la clase.

Qué tonto error había cometido. Era algo de lo que podía reírse cuando le explicara a Eva lo que pasó. Casualmente Eva tuvo una experiencia similar ese día.

Eva le explicó, "Estaba sentada en mi clase y no sabía qué esperar. Fue entonces cuando vi a una chica a mi lado etiquetar sus notas y me di cuenta que estaba en la clase incorrecta. Pasé 10 minutos vagando por el pasillo hasta que encontré el aula correcta. ¡Este campus es enorme! "

Por el resto de la semana, María y Eva prestaron más atención a que número de aula estaban entrando. Ambas tenían clase temprano, de lunes a viernes. Esto significaba que las horas de la tarde estaban disponibles para actividades sociales y para estudiar, pero también significaba que las chicas se cansaban temprano en las noches. A ellas les gustaba estar en la universidad, y especialmente les gustaba compartir la experiencia como amigas.

# 6 Capítulo Seis: Exámenes Parciales

María tomó cuatro clases ese primer semestre. Eran difíciles pero a ella le gustaba el material, y sus profesores siempre estaban disponibles para responder preguntas, o dar ayuda adicional. Ella estudiaba regularmente, se aseguró de que cada tarea fuera entregada al profesor en su fecha de entrega, y mantuvo todas sus tareas organizadas. Esto es para lo que ella se había preparado, y estaba ganando confianza en su capacidad para terminar con éxito las tareas de la universidad. Eva no era tan organizada. Ocasionalmente necesitaba regresar a los dormitorios porque había olvidado un libro o una tarea que debía entregar, pero trabajaba duro y recibía buenas calificaciones.

El tiempo comenzó a pasar más rápido cada mes. En poco tiempo, María y Eva tuvieron que empezar a estudiar para los exámenes parciales. Los exámenes estaban a sólo una semana de distancia, y ellas querían pasar todas sus clases. María comenzó a ir a la biblioteca para investigar y estudiar allí. Le gustaba la biblioteca porque era enorme pero muy tranquila. Con el tiempo, prefirió estudiar en la biblioteca en vez de en las áreas comunes y en su dormitorio.

A sólo tres días de los exámenes parciales, María estaba en la biblioteca como de costumbre y empezó a sentirse extraña. Era posible que estuviera cansada de leer y estudiar casi todo el día. María regresó a su dormitorio y fue directamente a la cama.

Al día siguiente, María se despertó sintiéndose peor que la noche anterior. Estaba enferma. Tenía un terrible dolor de cabeza y sentía frío. Ella tuvo dificultad para vestirse y prepararse para la clase, aun así logró estar lista y comenzar a caminar a su destino. En el camino, se encontró con una buena amiga.

"¿Te sientes bien, María?", preguntó su amiga.

"No, no me siento bien, pero de verdad debería ir a clase. Tenemos exámenes parciales en sólo pocos días", respondió María.

"Sí, lo sé, pero deberías ver a un médico. No te ves muy bien", dijo su amiga.

María se despidió de ella y fue a clase. Tenía una clase de economía ese día. Ella se estaba sintiendo peor que cuando se despertó. María se sentó en su escritorio habitual, y comenzó a escuchar a su profesor. No tardó mucho para que sus síntomas fueran notados por otros estudiantes. María empezó a temblar y a estornudar descontroladamente. Se sentía un poco avergonzada. Definitivamente ella no quería interrumpir la clase entera estornudando y tosiendo, así que se fue para la enfermería. Recordó que en su mapa del campus la enfermería estaba en el edificio adyacente. Afortunadamente, María no tuvo ninguna dificultad para encontrar la enfermería.

Cuando llegó allí, había una encantadora anciana que parecía muy agradable.

"Hola querida", dijo la enfermera "¿Qué puedo hacer hoy por ti?"

"No me siento muy bien", respondió María.

"Sí, me doy cuenta", dijo la enfermera, entonces le dijo a María que se sentara.

María le explicó, "Me siento muy cansada, mi cuerpo duele, tengo moqueo nasal y tos."

"Parece que tienes gripe, querida. Necesitas descansar un poco". Dijo la enfermera, mientras le escribía una receta para que María la llevara a la farmacia.

"Pero espere", dijo María "¡No puedo estar enferma! Tengo exámenes parciales".

La enfermera le respondió, "Ve a dormir un poco, cuando te sientas mejor puedes tomar tus exámenes. Si hablas con tu consejero, ellos pueden resolver tu situación".

María tomó la receta y agradeció a la enfermera. Al salir, la enfermera le dijo que no se preocupara por los exámenes. María no sabía qué hacer, ya que no quería faltar a sus exámenes. Pensó que lo mejor que podía hacer era hablar con su consejero, así que fue directamente al edificio de servicios estudiantiles después de dejar a la enfermera.

Cuando llegó a la oficina de su consejero, estaba exhausta de subir y bajar las escaleras de un edificio a otro. Afortunadamente, su consejero estaba en la oficina ayudando a otro estudiante, así que María tomó asiento y esperó pacientemente. Mientras estaba esperando para hablar con su consejero, María se sintió horrible. Estaba helada y no podía dejar de temblar.

Cuando el consejero estuvo disponible, María entró a la oficina y le explicó todo. María estaba preocupada y no sabía qué hacer. Su consejero le explicó que no había ningún problema, y que tenían fechas especiales de exámenes parciales, para las personas que no podían ir a los primeros exámenes. El consejero de María le prometió que notificaría a sus profesores y que le enviaría las nuevas fechas de los exámenes por correo electrónico, junto con las guías de estudio actualizadas. María se sintió aliviada después de escuchar esto, y agradeció a su consejero.

Ahora era el momento de llenar la receta de la enfermera de

la escuela. María pasó un momento terrible camino a la farmacia ya que esto significó caminar más y más. Se sintió como una eternidad, pero lo hizo. Ella fue a la farmacia y compró su medicina, así como otras cosas que necesitaba, tales como sopa de pollo y jarabe para la tos. Luego regresó a su dormitorio. María se acostó en su cama, respiró profundamente y se quedó dormida.

Eva estuvo al pendiente de María durante los cuatro días siguientes, ofreciendo llevarle té caliente, y cualquier otra cosa que ella necesitara. Eva era una buena amiga, y quería que María se sintiera mejor lo más rápido posible.

# 7 Capítulo Siete: Exámenes finales

María se sentía mejor antes de la fecha asignada de su examen parcial. Estaba segura de que pasaría el examen porque había tomado excelentes notas en cada lección, y había estudiado bastante. Ella sonrió cuando salió de la sala de examen y se sintió relajada. ¡Lo había hecho, había pasado!

Su sonrisa disminuyó durante las siguientes semanas, a medida que el trabajo de clase se hizo más intenso y las lecciones se hicieron más difíciles. Se le pedía que hiciera mucha más lectura y tuvo que reorganizar su horario para acomodar la carga de trabajo adicional. La clase de economía comenzó a causarle algunos problemas. Tomaba notas tan rápido como podía en clase, pero no siempre entendía la lección. Su consejero le recomendó que buscara ayuda de un tutor, y María siguió el consejo.

El tutor fue paciente con María, y fue capaz de explicarle todo lo que no entendía de las lecciones. Él era un estudiante del último año que ya había tomado la clase y recibió un 'A' por su trabajo. Habló con claridad y María encontró su ayuda muy útil. Las calificaciones de María mejoraron lentamente durante el semestre.

Su amiga Eva también lo estaba haciendo bien. Ella estaba tomando más clases que María, y tenía más libros para leer. Sin embargo, Eva todavía tenía tiempo para tener una vida social, e incluso comenzó a salir con un chico cuya especialidad era filosofía. Parecía feliz, pero le dijo a María que no creía que su relación duraría. María sabía que Eva le tenía miedo al compromiso.

Como el período estaba llegando a su fin, ¡María sabía que era hora de tomar los exámenes finales! No estaba nerviosa porque se sentía sana y sabía qué esperar en los exámenes. Eran muy difíciles, pero María se concentró, estudió cada tema, y recibió calificaciones mínimas para aprobar. El día de su examen final de Economía, María estaba reconociblemente ansiosa, ya que esta clase fue en la que ella trabajó más duro. Gracias a su tutor, María no tuvo ningún problema en aprobar el examen.

Los amigos de María pasaron sus finales también, así que decidieron cocinar una gran comida para celebrar su primer período en la universidad. Fueron a la casa de un amigo, y tuvieron una maravillosa parrillada. Todos trajeron un plato, y ayudaron con la preparación y limpieza.

María estaba a cargo de llevar una ensalada a la reunión, así que fue al supermercado fuera del campus para comprar algunos vegetales y otros ingredientes. Primero, María fue a la sección de quesos y encontró un poco de feta desmenuzado para la ensalada. Luego eligió todos los vegetales que incluiría y algunos arándanos secos. Luego encontró su aderezo favorito, pero ¿dónde estaba la quinoa? Esta era una tienda grande y ella no iba frecuentemente para saber dónde estaba todo ubicado. Caminó a través de los pasillos del supermercado, una y otra vez, y todavía no podía encontrarla. Vio a una muchacha, que llevaba puesto el uniforme del supermercado, caminando hacia ella y le pidió indicaciones.

"¿Dónde puedo encontrar la quinoa, por favor?", dijo María.

"Allí mismo, en el siguiente pasillo a su izquierda", respondió la chica.

"¡Excelente!", dijo María "¿Sabes cuánto cuesta?"

"Doce dólares", dijo la chica.

María encontró la quinoa y pagó por todo en su cesta. Al salir del supermercado, se dio cuenta de que era increíblemente tarde. Tenía que ir a su dormitorio, preparar la ensalada, cambiarse de ropa, y luego ir a la casa de su amigo. Pensó que la mejor manera de regresar al campus lo antes posible era tomando un taxi. María caminó hacia la siguiente avenida principal y rápidamente hizo señas a un taxi amarillo que estaba pasando.

Llegó a su dormitorio en cuestión de minutos. Primero, preparó la ensalada en la cocina del dormitorio. Ella cortó y mezcló y cuando estaba lista, ¡se veía y olía absolutamente deliciosa! Luego se apresuró a arreglarse, ella quería cambiarse de ropa.

Cuando terminó de arreglarse, María encontró a Elena y decidieron ir juntas a la parrillada. Caminaron hasta la casa de su amigo, y llegaron justo a tiempo para la comida. Se divirtieron mucho hablando y riendo sobre cómo sobrevivieron su primer semestre en el campus, y la parrillada fue definitivamente un éxito. Todos estaban emocionados porque los exámenes finales habían terminado, y ellos iban a tener tiempo libre de la universidad por las próximas semanas.

María se fue a casa, y se acostó en la cama esa noche sintiéndose realizada y agradecida de tener tan buenos amigos. ¡Ella la pasó de maravillas escuchando historias de sus experiencias, y compartiendo algunas de las suyas! También estaba emocionada de tener un descanso de la universidad, y volver a casa en Georgia, ya que extrañaba mucho a su familia. ¡María y su familia tenían muchas actividades planeadas! Incluso planearon visitar a sus parientes lejanos en Canadá después de las vacaciones.

Cuando empezó a hacer sus maletas para regresar a casa,

recordó lo juguetón que Max había estado meses antes, arrojando su ropa alrededor de su dormitorio y empujando las maletas debajo de su cama. Sería agradable jugar con él otra vez. Era un perro tan feliz.

Al día siguiente, ella fue con Eva al aeropuerto, y ambas volaron a casa juntas. Era más divertido viajar con una amiga, y María esperaba que lo hicieran de nuevo el próximo semestre. Ambas estaban contentas de ver a sus amigos al volver a casa. ¡Había mucho que decir a todo el mundo! Las chicas habían hecho nuevos amigos, tenían nuevas experiencias, y aprendieron muchas cosas nuevas. ¡La universidad era una aventura, y tanto María como Eva consideraron su primer semestre un gran éxito!


Congratulations you have completed the book. I hope you have enjoyed the story and have improved your understanding of Spanish.


Please don't forget to leave a review. It goes a long way in helping me continue to develop books in the future.

Made in the USA
San Bernardino, CA
28 January 2019